Croí
ag lorg an
tSuaimhnis

AGAISTÍN & TURAS A CHROÍ

DÁITHÍ Ó CEALLAIGH OSA

Foilseacháin Ábhair Spioradálta
Baile Átha Cliath

An Chéad Chló 2015

Foras na Gaeilge

Tá *Foilseacháin Ábhair Spioradálta* buíoch de Chlár na Leabhar Gaeilge agus d'Fhoras na Gaeilge as tacaíocht airgid a thabhairt dóibh.

Clóchur agus dearadh: Messenger Publications
Clódóirí: eprint
ISBN: 978-1-906982-50-8

Foilseacháin Ábhair Spioradálta
37 Sráid Líosáin Íochtarach
Baile Átha Cliath D02 W938
Seoladh r-phoist: antimire@gmail.com
www.timire.ie

ARNA FHOILSIÚ AG FOILSEACHÁIN ÁBHAIR SPIORADÁLTA
BAILE ÁTHA CLIATH 2015

Clár

Réamhrá

Insíonn scéal a bheatha agus a chuid scríbhinní go mba dhuine ar leith é Naomh Agaistín, duine de Aithreacha agus de Dhochtúirí na hEaglaise agus duine de phríomhsmaointeoirí na Críostaíochta. Áirítear N. Agaistín ar mhórscríbhneoirí na Críostaíochta agus ó thaobh na fairsinge amháin de is díol suntais an cnuasach litríochta a d'fhág sé againn – 113 leabhar, 218 litir, breis agus 500 seanmóir – agus é comhairthe go bhfuil os cionn 5 mhilliún focal dá shaothar tagtha slán. Níorbh é an chuid ba lua dá éachtaí an t-athchóiriú a rinne sé ar an smaointeoireacht chlasaiceach lena cur in oiriúint don teagasc Críostaí. Tá anáil an chórais diagachta a mhúnlaigh sé le brath ariamh ó shin agus d'fhág an macnamh a d'fhoilsigh sé sna saothair is clúití dá chuid, amhail le *Cathair Dé* a lorg ar an mbonn a cuireadh faoin staidéar bíobalta agus faoi an-chuid den mhacnamh Críostaí ó shin anuas. Tá lorg a chuid smaointeoireachta ar réimsí den fhealsúnacht chomh maith. Mar sin ní miste a dhearbhú mar a luaitear in Aguisín 1 thíos: 'Gan amhras is é an duine is airde cáil, is buaine tionchar agus is fairsinge saothar ar Aithreacha na hEaglaise.'

Bíodh sin amhlaidh ach ní aon chosán réidh aistear Naomh Agaistín sular iompaigh sé ar an gCríostaíocht. Bhain saol N. Agaistín (354-430) le tréimhse fhíorshuaite i stair na hEorpa, le ré turnamh Impireacht na Róimhe. De réir a chéile baineadh de chumhacht agus de ghradam na hImpireachta thoir agus thiar. Tréimhse fhíorchorraitheach a bhí ann freisin i gcúrsaí smaointeoireachta agus is léir óna chuid scríbhinní a fhairsinge is a chuaigh Agaistín i ngleic leo. Tuigtear go raibh oiliúint éigin sa Chríostaíocht faighte aige óna mháthair ina óige ach thug sé a chúl le teagasc agus cleachtadh an chreidimh sin de réir mar a thit sé isteach le saol peacúil faoi mar a insíonn sé féin dúinn. Mar sin féin chaith sé a dhúthracht le cúrsaí léinn de réir mar a chuaigh ar thóir na heagna. Thug cúrsa a shaoil é óna bhaile dúchais i dtuaisceart na hAfraice go dtí ionaid éagsúla i bhfad ó bhaile ag déanamh an léinn agus ag saothrú a bheatha agus de réir a chéile scaoileadh na cuibhreacha intleachta a chosc air glacadh le briathar Dé agus Críost mar Shlánaitheoir an chine dhaonna. Tá scéal an odaisé spioradálta sin le léamh sna Faoistiní, an saothar dírbheatháisnéise a d'fhág sé againn.

Mar a luaitear in Aguisín 1 thíos, más linn dlúthaithne a chur ar Naomh Agaistín ní mór dúinn na Faoistiní a léamh. Ní hé an leabhar is tábhachtaí é dá chuid ach gan aimhreas is é is iomráití. Scáthán a anama atá ann, scáthán oscailte a bhfuil macántacht iontach agus draíocht ag roinnt leis. Áirítear ar mhórsheoda na litríochta uile é agus taobh amuigh den Scrioptúr is ar éigin má tá aon leabhar Críostaí ann a bhfuil an oiread tóir is gnaoi air ó aois go haois. Tráchtann Agaistín ann ar a thuras pearsanta creidimh chun Dé agus is sa saothar seo is mó a chuirimid aithne ar Agaistín an duine agus ar ghaol pearsanta Agaistín le Dia, go háirithe le linn a óige.

Is éard a chuireas romham sa leabhar seo ná éirim an turais spioradálta sin a chur i suim go gonta agus na príomhchoranna a bhain d'Agaistín i ngníomh agus i smaoineamh agus a chroí ag lorg an tsuaimhnis a fhoilsiú. Tugtar chun solais na príomhsmaointe a tháinig uaidh sna Faoistiní agus i saothair eile maidir leis an mbeatha Chríostaí. Measadh freisin ar mhaithe le bun eolas faoi chúlra agus faoi shaol Agaistín a sholáthar nár mhiste an aiste eolgaiseach le Seán Mac Riabhaigh a cuireadh mar Réamhrá leis an leagan Gaeilge de leabhair 1-10 de na Faoistiní .i. *Mise Agaistín* a fhoilsiú arís mar aguisín leis an leabhar seo.

Is iomaí cor agus suathadh a bhain d'Agaistín ina shaol, ina intinn agus ina chroí sular tharla an foilsiú a d'iompaigh ar ais chun na Críostaíochta é agus gur thug taitneamh do bhriathar Dé. Aithneofar an gaol atá ag an dá shaothar a tháinig chugainn ón gcúigiú céad a bhfuil na teidil ghaolmhara leo, Faoistiní Naomh Agaistín agus Faoistín Naomh Pádraig. Dhá leabhar iad atá cosúil go maith le chéile sa mhéid go ríomhann siad araon odaisé spioradálta a n-údar. Bíodh is gur shaothraigh an bheirt in áiteacha i bhfíonghort an Tiarna a bhí i bhfad ó chéile is maith mar a d'aithneoidís comharthaí sóirt a dturais phearsanta leith ar leith, faoi mar atá le léamh i gcás Agaistín sna caibidlí seo thíos.

Dáithí Ó Ceallaigh OSA

Caibidil a hAon

CÚLRA SAN AGAISTÍN

Cér díobh thú?

Is mór an spéis a chuirtear na laethanta seo i gcúlra agus i nginealach clainne. Tá a lán áiseanna le fáil ar na saolta seo a chabhraíonn go mór lena leithéid seo taighde, go háirithe áiseanna leictreonacha. Taobh thiar den tsuim mhór seo i stair sinsearachta duine agus teaghlaigh, seasann buncheisteanna, ar nós 'cad as duit?' nó 'cad as do mhuintir?' nó 'cér díobh thú?' Le 'cér díobh thú?', bíonn níos mó i gceist ná ainm agus sloinne.[1] Lorgaítear eolas ar mhuintir an duine, ar na glúnta a ghabh roimhe nó roimpi, ar cén sórt daoine a bhí iontu, an tslí bheatha a bhí acu, an t-am inar mhaireadar agus mar sin de.

'Séard atá i gceist sa leabhar seo ná iniúchadh den chineál seo a dhéanamh ar dhuine de na mórchinnirí eaglasta a mhair le linn na mblianta deireanacha den Impireacht Rómhánach – San Agaistín, easpag Hippo i dTuaisceart na hAfraice (AD 354–AD 430). Níl sé an-fhurasta eolas a fháil ar dhuine a mhair chomh fada siar, dála Agaistín, áfach. Ach bhí agus tá fós an-tionchar ag Agaistín ar fhorbairt na diagachta agus na spioradáltachta san Eaglais iartharach. Tá freisin fágtha le huacht againn raidhse oll-mhór de scríbhinní Agaistín idir sheanmóirí, tráchtaireachtaí ar leabhair an Bhíobla, ar a raibh Geineasas, Na Sailm, Soiscéal agus Céad Litir Eoin; a mhórshaothair dála *An Tríonóid, Na Faoistiní* agus *Cathair Dé*; bailiúchán mór de litreacha; agus saothair in aghaidh dreamanna amhail na Mainicéigh, na Donátaigh, agus na Pealagaigh agus mórán eile nach iad. Mar sin, is féidir linn aithne a chur ar Agaistín trína shaothair ach ar ndóigh is ar éigin is féidir scagadh a dhéanamh ar gach uile rud a scríobh sé – tá a *chorpus* scríofa chomh mór sin. Dá bhrí sin, déanfar eolas faoi Agaistín a chur in iúl trí leas a bhaint as saothair áirithe dá chuid.

Cén saghas eolais a theastódh uainn ar dhuine dála Agaistín? Cinnte ba mhian linn aithne a chur ar smaointeoireacht Agaistín ar chúrsaí diagachta agus spioradáltachta agus tá eolas thar barr air sin ina chuid saothar. Ach freisin ba mhian linn aithne a chur ar an bhfear féin, a mhuintir, an áit

7

inar tógadh é agus ina bhfuair sé a chuid scolaíochta agus mar sin de. Ach is deacair an dá chineál eolais atá luaite anseo a scaradh óna chéile go hiomlán mar is é an duine céanna atá i gceist – Agaistín. Ceann dá shaothair a bhfuil mór-aithne agus mórchlú tuillte aige is ea *Na Faoistiní* nó *Confessiones* ina dtráchtann Agaistín ar a thuras pearsanta creidimh chun Dé. Is sa saothar seo is mó a chuirmid aithne ar Agaistín an duine agus ar ghaol pearsanta Agaistín le Dia, go háirithe nuair a bhí sé óg.

Beatha Agaistín

Scríobhadh *Na Faoistiní* thart ar AD 397, timpeall aon bhliain déag i ndiaidh iompú Agaistín ina Chríostaí (AD 386). Sa saothar iomráiteach seo, léirítear dúinn Agaistín i gcomhrá le Dia agus é ag féachaint siar ar an gcaoi ina raibh Dia gníomhach ina shaol fiú ón gcliabhán féin: 'Admhaím id láthair, a Thiarna neimhe agus talmhan, agus molaim tú de bharr mo bhunúis agus na naíontachta sin agam nach cuimhin liom.'[2] Tugtar breis eolais ar shaol Agaistín i mbeathaisnéis a scríobh Poissidias, arbh manach, easpag agus cara le hAgaistín é.[3]

Rugadh Agaistín ar an 13ú de mhí na Samhna sa bhliain AD 354[4] Ba í an áit inar rugadh é ná Tagastae, baile beag margaidh i dtuaisceart na hAfraice (Souk Ahras san Ailgéir, sa lá atá inniu ann). Baile a bhí suite i réigiún Núimidia, de chuid na hImpireachta Rómhánaigh ab ea Tagastae. Moinice ab ainm dá mháthair, agus ba de shliocht treibhe na mBeirbeireach é.[5] Phós Moinice fear darbh ainm Pádraig. Ba mhór eatarthu ó thaobh aoise de: seacht mbliana déag a bhí Moinice agus bhí Pádraig an daichead. Bhí mac amháin eile acu, darbh ainm Naivigeas agus iníon ach ní heol dúinn a hainm siúd. Feirmeoir beag agus comhairleoir baile ab ea Pádraig. De réir Agaistín, bhí claonadh chun na feirge ina athair mar aon le bheith éagórach ó thaobh cearta pósta a mhná ach bhí Moinice an-fhoighneach leis dá ainneoin: 'Bhí sí foighneach leis na héagóra a rinneadh uirthi ina cearta pósta, ag seachaint achrainn mar gheall orthu i gcónaí.'[6] Págánach ab ea Pádraig ach Críostaí ab ea Moinice. Deineadh caiticiúmanach d'Agaistín nuair a rugadh é ach níor baisteadh é. Nuair a bhuail tinneas é ina leanbh dó, bhí a mháthair ar tí é a bhaisteadh, ach nuair a tháinig feabhas ar Agaistín, cuireadh siar a bhaiste arís. Níorbh rud neamhghnáthach é seo

Léiriú ealaíontóra ar bhean de shliocht na mBeirbeireach

ag an am mar ceapadh go mba pheacaí marfacha na peacaí a dhéanfaí tar éis an bhaiste. Níos deireanaí ina shaol féin bheadh Agaistín go tréan in aghaidh an nóis seo agus i bhfábhar baisteadh na naíonán.[7] Fuair Agaistín a bhunoideachas i Tagastae ach ní raibh sé ró-shásta leis. Buachaill éirimiúil ab ea é ach cheap sé nach raibh aon rud fiúntach le baint as a chuid oideachais ach amháin píonós corpartha. Bhí sé bréan de na ranganna chomh maith: 'Cuireadh ar scoil mé chun léann a fhoghlaim ach gan a fhios agam, mo thrua, cén mhaith a bhí ann. Ar a shon sin, má bhíodh leisce orm, gheibhinn an lasc.'[8] Cuireadh Agaistín ansin go dtí cathair Mhadaura, áit ina raibh litríocht agus reitric á staidéar aige. Ach nuair a bhí sé 16 bliain d'aois, choinnigh a thuismitheoirí Agaistín sa bhaile mar theastaigh uathu airgead a shábháil chun a mac a chur go cathair na Cartaige. Ansin bheadh Agaistín ábalta tabhairt faoi staidéar na reitrice, ábhar a d'ullmhódh é le haghaidh slí bheatha poiblí.

Ach go dtí gurbh acmhainn do Mhoinice agus do Phádraig é a chur ar aghaidh chuig an gCartaig, bhí Agaistín sa bhaile agus é díomhaoin an chuid ba mhó den am. Chaith sé am ag gabháil timpeall i gcomhluadar buachaillí eile agus iad gafa le mí-iompar go minic. Ghoideadar piorraí as úllghort agus déanann Agaistín machnamh fada ar na fáthanna go raibh sé páirteach i ngoid na bpiorraí: 'Cén fáth, mar sin, gur thaitnigh an obair sin liom agus gan aidhm agam ar í a dhéanamh im' aonar?'[9] Thart ar an am seo, d'aithin Agaistín ann féin go raibh cumhacht na drúise ag dul i bhfeidhm air: 'Ach an sos úd a fuaireas in aois mo shé bliana déag... sin é an uair gur fhás nathracha drúise suas os mo chionn agus gan lámh im aice chun iad a staitheadh díom.'[10] Cé go nglacann Agaistín le hiarrachtaí a athar chun oiliúint a mhic a chur chun cinn, deir sé: 'Ach ina dhiaidh sin ní dheineadh an t-athair céanna aon imní dem gheanmnaíocht ná den chuma a bhí ag teacht ionam ód thaobhsa, ach amháin go mbéarfainn barr in urlabhra ... '[11]

 . Le linn d'Agaistín bheith i gcathair na Cartaige (gar don Túinéis sa lá ata inniu ann), chuir sé suim i scríbhinní Mharcais Thuiliais Chicearó (106-43 RCh), fealsamh, abhcóide agus óráidí clúiteach na Róimhe. Bhí an córas oideachais san Afraic thuaidh bunaithe ar an gcóras Rómhánach agus mar sin ba ghnáth go mbeadh scríbhinní le Rómhánaigh oilte dála

Chicearó á staidéar ag mic léinn na linne. Saothar de chuid Chicearó, an *Hortensius*, a bhí i láimh Agaistín agus mhúscail ábhar an tsaothair seo fonn chun na heagna in ann.[12] Thart ar an am céanna, bhuail sé le bean óg (nach eol dúinn a hainm) agus rugadh mac dóibh. Adeodátas ('bronnta le Dia') an t-ainm a tugadh air. Ag cuardach na heagna dó, d'fhéach Agaistín ar na Scrioptúir ach i gcomparáid le stíl liteartha Chicearó cheap sé gur stíl bhocht ainniseach a bhí sna téacsanna bíobalta.[13] Thart ar an am seo, chuaigh Agaistín leis na Mainicéigh agus d'fhan sé leo ar feadh naoi mbliana (374-383). Dealraíodh d'Agaistín agus é ina fhear óg timpeall 19 nó 20 bliain d'aois go raibh na freagraí a bhí á lorg aige an dream seo ach scarfadh sé uathu sa bhliain AD 383. D'éirigh go maith le hAgaistín ina chuid staidéir sa Charthaig agus fuair sé post mar mhúinteoir reitrice ann. Cé gur mhúinteoir cumasach a bhí in Agaistín, bhí sé faoi míbhuntáiste de bhrí go raibh guth lag aige agus bhíodh a mhic léinn ainrianta amanta.

An Róimh agus Mioláin
Tar éis dó naoi mbliana a chaitheamh ag múineadh reitrice sa Charthaig, bheartaigh Agaistín dul go cathair na Róimhe chun post nua d'fháil ansin. Faoin am seo, bhí a athair, Pádraig, tar éis bás d'fháil sa bhliain AD 371. D'iompaigh sé ina Chríostaí roimhe seo trí idirghuí urnaithe Mhoinice.[14] Bhí fhios ag Agaistín nach mbeadh a mháthair sásta é a ligint uaithi le dul chun na Róimhe. Mar sin, á rá léi go raibh sé, mar dhea, chun slán a fhágáil ag cara leis, d'éalaigh Agaistín ar bhord loinge chun na Róimhe.

Chaith sé bliain sa Róimh ag múineadh reitrice ach fiú anseo bhí fadhbanna ag Agaistín lena mhic léinn – bhí drogall orthu a gcuid táillí a íoc. Chomh maith le seo bhí aeráid na Róimhe ag cur isteach ar a shláinte. Ansin fuair Agaistín post (in AD 384) i gcúirt an impire a bhí lonnaithe i gcathair Mhioláin an uair sin. Post mar óráidí oifigiúil sa chúirt a fuair sé agus ainmníodh é mar mhúinteoir reitrice ann leis. Taca an ama seo, d'éirigh Agaistín amhrasach i dtaobh na Mainicéach agus thug a chúl leo. Tharla seo tar éis d'Agaistín bualadh le fear darbh ainm Faustas, fear oilte i measc na Mainicéach. Bhí Agaistín ag súil le ceisteanna éagsúla a phlé le Faustas ach bhí díomá ar Agaistín nuair ba léir dó nach raibh Faustas chomh hoilte agus a cheap sé.[15] Bhí daoine eile as an Afraic lonnaithe i Mioláin, go háirithe, Ailipias, buanchara d'Agaistín ón mbaile dúchais céanna, Tagaste.[16] I Mioláin féin tháinig Agaistín i dteagmháil le hAmbrós, easpag na cathrach. Chuaigh Agaistín chun éisteacht le seanmóirí Ambróis, ar mhaithe lena stíl reitrice a scrúdú. Diaidh ar ndiaidh, áfach, chuaigh ábhar na seanmóirí i bhfeidhm ar Agaistín ar bhealaí suntasacha a chuideodh leis an Chríostaíocht a ghlacadh níos déanaí. D'oscail briathra Ambróis aigne Agaistín ar na scrioptúir a thuiscint go spioradálta don chéad uair:

Is é a bhíos á cheapadh anois go bhféadfadh duine glacadh leis an gcreideamh [Caitliceach] gan náire, go mór mór nuair a chuala míniú fáthchiallach air seo agus air siúd – roinnt ionadaí sa Sean-Tiomna a bhíodh am mharú nuair a thógainn de réir na litre iad.[17]

Ag an bpointe seo, bhí Agaistín in ann a aithint go raibh an Chríostaíocht gach pioc chomh creidiúnach agus chomh measúil le creideamh na Mainicéach ar a laghad. Bhí Agaistín ag teacht níos cóngaraí don Chríostaíocht ach ní raibh deireadh lena aistear fós. Bhí Agaistín neamhchinnte agus amhrasach fós faoi ghlacadh leis an gCríostaíocht nó a mhalairt.

Fad is a bhí sé i Mioláin, thug duine cóip de scríbhinní Nua-Phlatónacha dó.[18] Trín staidéar a rinne Agaistín ar na scríbhinní seo, bhí sé ábalta teagasc a fháil a réiteodh le teagasc na Críostaíochta ar bhealaí áirithe ach amháin teagasc faoi Ionchollú Chríost.[19] D'aithin sé freisin gur chóir dó filleadh chuige féin, agus mar sin rinne sé iarrachtaí ar chineál 'inmheánachas' a bhlaiseadh, rud a bhain leis an misteachas Platónach. Níor éirigh go ró-mhaith leis sna hiarrachtaí nó ar a laghad níor éirigh leis iad a choinneáil ar siúl.[20] Ar a laghad, fuair Agaistín cabhair ar cheart-tuiscint ar ghné inmheánach an duine, ábhar a luífeadh go tréan i gcroílár a chuid spioradáltachta mar Chríostaí. Maille leis seo, d'aithin Agaistín príomhthábhacht Chríost mar 'Idirghabhálaí idir Dia agus an cine daonna mar atá an duine Críost Íosa' (féach 1 Tim 2:5). Mar sin cé gur chabhraigh an fhealsúnacht Phlatónach go mór le hAgaistín ina chuid smaointe agus a chuid teagaisc, níor ghlac sé leis an bhfealsúnacht seo ar fad.

Chomh maith lena theagmháil le Plóitíonas, fuair Agaistín cabhair le

Naomh Ambrós ar a shuíochán easpaig ag lascadh beirt eiriceach
(1350–1400)
Ealaíontóir anaithnid

cois ó scríbhinní N. Pól. D'aimsigh sé na fírinní a bhí le fáil sna scríbhinní Platónacha i litreacha Phóil ach go rabhadar fite fuaite le grásta Dé sna scrioptúir ('mar aon leo bhí moladh do ghrásta').[21]

Idir an dá linn, bhí a mháthair Moinice tar éis a fháil amach cár imigh a mac; go raibh sé i Mioláin agus post nua tábhachtach gnóthaithe aige. Rinne sí féin agus baill dá clann an turas fada chun bualadh le hAgaistín. Shocraigh Moinice go bpósfadh Agaistín cailín a bhainfeadh le haicme shóisialta a bheadh níos oiriúnaí dá stádas nua i gcúirt an impire. Ghéill Agaistín dá mháthair ach bhí air slán a fhágáil leis an mbean, máthair a mhic, Adeodátas, a d'fhan go dílis leis ar feadh trí bliana déag nó mar sin. Ghoill an scaradh seo go pianmhar ar Agaistín:

An bhean ba ghnách liom a luí liom, réabadh óm thaobh í mar go raibh sí am chosc ó phósadh. Ghreamaigh mo chroí inti ionas gur gearradh agus gur gortaíodh é agus gur chuir sé fuil. D'imigh sise thar n-ais go dtí an Afraic, á rá ar mhóid duit ná cuirfeadh sí aithne ar aon fhear eile agus d'fhág sí agam ina diaidh an mac tabhartha a rug sí dom.[22]

Mar a tharla, ní raibh Agaistín in ann an cailín a bhí roghnaithe dó a phósadh toisc go raibh sí ró-óg de réir dlí. Idir an dá linn, rinne Agaistín caidreamh ar bhean eile.

Tolle, lege

Faoin am seo, bhí uair na cinniúna ag teacht maidir le cuardach fada spioradálta Agaistín. Bhí sé cráite agus amhrasach i dtaobh dul leis an gCríostaíocht nó a mhalairt. Bhí sé á tharraingt idir mianta contrártha ina chroí istigh. Bhí a mhíshuaimhneas croí ag dul i ngéire. Ag pointe amháin, ghuigh sé: 'Tabhair dom geanmnaíocht agus measarthacht, ach ná déan go fóill, a deirinn.'[23] Tharla lá amháin go raibh Agaistín agus a chara Ailipias le chéile i ngairdín i Mioláin. Go tobann chuala Agaistín, de réir mar a cheap sé, guth páiste óig ag canadh arís agus arís eile: 'Tóg agus léigh; tóg agus léigh' *(tolle, lege; tolle, lege).*[24] Thóg Agaistín suas a chóip den Bhíobla agus ar an gcéad leathanach a d'oscail sé, léigh sé i litir Phóil chuig na Rómhánaigh: 'Mairimis go béasach mar dhaoine atá faoi sholas

Naomh Agaistín agus Litir Phóil á léamh aige (Iompú N. Agaistín)
1464 agus 1465
Benozzo Gozzoli

an lae, gan ragairne gan meisce, gan striapachas gan drúis gan achrann gan éad. Agus cuirigí oraibh an Tiarna Íosa Críost mar éide agus ná bígí ag déanamh cúraim den cholainn d'fhonn a hainmhianta a shásamh.' (Rómh 13:13-14). Tar éis dó an méid sin a léamh, ba léir d'Agaistín go raibh suaimhneas agus síocháin ag líonadh a chroí:

> Níor léas ach sin – níor ghá a léamh. Mar láithreach bonn, gan ach an abairt sin féin léite agam, tháinig mar a bheadh solas na díongbháilteachta ag sileadh isteach im chroí, agus gach scáil éiginnteachta dá raibh ann, theitheadar leo.[25]

D'inis Agaistín an scéal dá chara Ailipias. D'inis Ailipias d'Agaistín go raibh an rud céanna tar éis tarlú dósan. Bhailíodar leo go dtí Moinice agus ba mhór an t-áthas a bhí uirthi nuair a chuala sí an scéal. An rud a shantaigh sí go mór ina croí, ina paidreacha agus ina deora, bhí sé aici anois – iompó a mic ina Chríostaí. Ag tagairt do bhrionglóid a bhí ag Moinice blianta roimhe sin, deir Agaistín le Dia:

> Sea, chonaic sí gur mhó a bhí déanta agat di im thaobhsa ná mar ba ghnách léi a iarraidh le hosnaíl trua agus cneadaíl bróin; óir d'iompaís chugat féin mé, ionas ná lorgóinn nuachar ná aon chuid eile de dhóchas an tsaoil seo. Bhíos im sheasamh anois ar an riail úd creidimh ar a rabhas im sheasamh sa taispeánadh a thug tú di na blianta fada roimhe sin, agus 'd'iompaigh tú a gol siúd chun gairdeais' ar shlí ba fhlaithiúla go mór ná mar a raibh súil aici leis, ar shlí ba ionúine agus ba gheanmnaí léi ná an gairdeas ba mhian léi tráth a bheith aici as clann a clainne óm chorp.[26]

Buaicphointe grástúil i saol mic agus máthar ab ea iompó Agaistín ina Chríostaí. Bhíodar araon ar 'an riail chreidimh' anois díreach mar a nochtadh do Mhoinice fadó.[27] Anois b'fhíor an méid a dúirt easpag le Moinice tráth nuair a bhí sí cráite i dtaobh a mic: 'Ní baol go gcaillfear mac na ndeor úd.'[28]

16

Caisiciácam

Bheartaigh Agaistín éirí as a phost i gcúirt an impire agus chuaigh sé go teach faoin tuath a thug cara ar iasacht dó, fear darbh ainm Véireacundas. In áit ar a dtugtaí Caisiciácam a bhí an teach tuaithe seo. Ní heol dúinn go cruinn inniu cá háit a raibh Caisiciácam ach ceaptar gur dócha go raibh sé ar an taobh ó thuaidh de Mhioláin. I dteannta le hAgaistín bhí a mháthair Moinice, a mhac Adeodátas, a dheartháir Naivigeas, beirt cholceathracha agus beirt dá mhic léinn. Chaitheadar bliain nó mar sin san áit fad is a d'ullmhaigh Agaistín le haghaidh a bhaisteadh um Cháisc 387. Le linn an ama seo freisin, scríobh Agaistín cuid de na saothair ba luaithe dá chuid: na *Soliloquia* (comhrá ag Agaistín lena réasún); *Contra Academicos* (saothar i bhfoirm comhrá in aghaidh fhealsúna sceiptiúla na nAcadamh); *De beata vita* (comhrá agus plé faoi shaol beannaithe na hEagna, an Mac Dé) agus *De ordine* (faoi fhadhb an oilc, agus oirchill nó ord diaga Dé). Ba gheall le comhluadar fealsúnach a bhí ag Agaistín i gCaisiciácam agus síolraíodh na scríbhinní luaithe seo as an gcomhrá a bhíodh eatarthu. Le linn na tréimhse seo freisin bhraith Agaistín go raibh sé ar a shuaimhneas ina chroí istigh tar éis blianta fada a bheith caite aige ar chuardach spioradálta.[29]

Baisteadh i Mioláin

Chuir Agaistín a ainm isteach le haghaidh a bhaiste, go gairid roimh an Cháisc 387. I gcathair Mhioláin a bhaistfeadh Ambrós é i dteannta lena chara Ailipias agus a mhac Adeodátas:

> Nuair a bhí an t-am tagtha inar chóir dom m'ainm a thabhairt isteach i gcomhair mo bhaiste, d'fhágamar an tuath agus d'fhilleamar ar Mhioláin. Ba mhian le Ailipias freisin athbhreith a fháil faram ionatsa óir bhí sé éidithe cheana féin i mbrat na huirísle is cuí dod shacraimintí; bhí a cholainn chomh mór sin faoi smacht aige go raibh talamh reoite na hIodáile á shiúl cosnochtaithe aige; níor ghnáth mar bheart misnigh sin! Thugamar linn Adeodátas, an mac a gineadh domsa go collaí tríom pheaca. Ba chórach a chumais é! Gan é slán chúig bliana déag fós agus gaois ann

17

thar mhórán a bhí ina seanóirí léannta![30]

Maidir leis an searmanas féin, ní thugann Agaistín mórán eolais dúinn ach is léir dó an t-aoibhneas croí a mhothaíonn sé de bharr a bhaiste:

Baisteadh sinn agus theith uainn i gcéin gach imní i dtaobh an tsaoil a bhí caite againn. Maidir liomsa de, níor shách mé den aoibhneas iontach a thagadh chugam ó bheith ag machnamh ar do chomhairlí diamhara chun slánaithe an chine dhaonna. Nár fhrasach iad mo dheora agus mé corraithe go scairt ag d'iomainn agus ag do chainticí á gcanadh go binn i nglórtha d'Eaglaise! Bhí na glórtha sin ag sní isteach im chluasa, d'fhírinne ag sileadh isteach im chroí, i dtreo gur líon tuile na cráifeachta ionam agus gur sceith sí ndeora mo shúl; b'aoibhinn liom iad mar dheora.[31]

Ostia

Thosaigh Agaistín agus a mháthair Moinice mar aon le Adeodátas, agus Eavóidias (cara leis) ar an dturas fada abhaile chuig Tagastae. Cuireadh moill orthu i gcuan Ostia lasmuigh de sheanchathair na Róimhe. Le linn dóibh bheith ag fanacht in Ostia, tharla go raibh dlúthchomhrá pearsanta idir Agaistín agus a mháthair Moinice faoi 'bheatha shíoraí na naomh atá le teacht.' Le linn an chomhrá seo mhothaíodar agus bhlaiseadar aoibhneas an tsaoil osnádúrtha úd ar bhealach misteach:

Bhíomar ár n-ardú féin le neart tréanghrá don *chéanna*, chun go gcuamar de réir a chéile thar gach ní corpartha … chuamar níos airde fós inár gcroí ag machnamh agus ag caint agus ag moladh d'oibreacha; thánamar chomh fada lenár n-aigne féin agus ghabhamar thairsti d'fhonn is go sroisimis dúiche na flúirse gan dísciú mar a 'gcothaíonn tú Iosrael' go deo le bia na fírinne,… Ag trácht dúinn uirthi agus ag tnúth léi theagmhaíomar léi i mbeagán le lániarracht ár gcroí. Thugamar osna agus d'fhágamar ansin céadtorthaí an spioraid agus d'fhilleamar ar an urlabhra mar a mbíonn tús agus deireadh le gach briathar a labhartar.[32]

Baineann 'Fís Ostia', mar a thugtar uirthi uaireanta, go dlúth le ceist an mhisteachais i saol Agaistín. Ar mhisteach é Agaistín, go fírinneach? Braitheann a leithéid de cheist ar céard a thuigtear le 'misteach' sa chás seo. Tugann an scoláire Andrew Louth na pointí seo a leanas faoi deara i dtaobh Agaistín agus ar tharla dó in Ostia: (1) Cuntas pearsanta atá ann ach níl sé aonaránach – tagraíonn sé 'don ghné shóisialta den saol beannaithe.' (2) 'Buaic' eascaiteolaíoch atá ann; rud a bhraith mar 'staid neamhbhuan den lúcháir nó eacstais' – 'réamhbhlaiseadh aoibhnis neamhaí. (3) Léiríonn sé 'dul in airde, thuas agus istigh, thar nithe ábharacha i ndoimhneacht an anama.'[33] Fiú muna léirítear Agaistín ina mhisteach sa tslí chéanna agus a léirítear na mistigh sna meánaoiseanna, mar shampla, ní féidir a shéanadh go raibh tréithe áirithe den mhisteachas in Agaistín féin.[34]

Bás Mhoinice in Ostia

Ag deireadh na físe seo, labhair Moinice lena mac agus dúirt:

A mhic, maidir liomsa, is beag orm a bhfuil ar an saol seo feasta. Ní eol dom cad tá le déanamh agam anseo feasta, nó cad ina thaobh dom bheith anseo a thuilleadh: tá na nithe a rabhas ag súil leo ar an saol seo tugtha chun críche. Ní raibh ach aon ní amháin nár mhiste liom fanacht tamall ar an saol seo ar a shon, sé sin tusa a fheiscint id Chríostaí Caitliceach sula bhfaighinn bás. Is flaithiúla fós a dheonaigh mo Dhia dom, go bhfeicfinn thú id shearbhónta aige, agus ag díspeagadh an tsonais shaolta. Cad ab áil liom anseo feasta?[35]

Bíodh na focail sin réamhfhiosach nó a mhalairt, bhuail fiabhras Moinice roinnt laethanta ina dhiaidh sin agus d'éag sí. Tamall roimh a bás, d'éirigh ceist faoin áit a gcuirfí í – annsin in Ostia nó ar ais i Tagastae taobh lena fear céile, Pádraig. Dúirt Moinice: 'Cuirigí an corp seo in bhur rogha áit. Ná bíodh aon phioc dá mhairg oraibh. Ní iarraim d'achainí oraibh ach cuimhneamh orm ag altóir an Tiarna pé áit gurb ann daoibh.'[36] Nuair a d'fhiafraigh cairde de chuid Agaistín de Mhoinice faoina corp a fhágaint

Agaistín agus a mháthair Moinice in Ostia
1846
Ary Scheffer

chomh fada sin óna baile dúchais, d'fhreagair sí: 'Ní fada i gcéin do Dhia aon ní, ná ní baol ná beadh fhios aige i ndeireadh an tsaoil, cén áit as a ndéanfadh sé mé a aiséirí.' [37] Insíonn Agaistín dúinn ansin gur 'ar an naoú lá dá breoiteacht, sa séú bliain déag is daichead dá haois, agus mise in aois mo thrí bliana déag is fiche, scaoileadh a hanam diagaithe cráifeach óna corp.'[38] Faoi chumha iar bhás a mháthar dó insíonn Agaistín a lán dúinn faoin dlúthchaidreamh a bhíodh eatarthu (i Leabhar a Naoi de na *Faoistiní*) agus sa deireadh guíonn sé ag iarraidh ar a lucht léite:

Spreag, a Thiarna, mo Dhia, spreag do shearbhóntaí is bráithre dom, do chlann mhac is máistrí agam, ar a ndeinim friothálamh croí agus béil agus pinn: spreag iad sin uile a léifeas an scríbhinn seo chun cuimhneamh ag d'altóir ar Mhoinice do shearbhónta, mar aon le Pádraig ba chéile di, an bheirt gur trína gcolla a thugais mise ar an saol seo, cé ná tuigim conas. Go gcuimhní siad go hionúin ómósach, ar mo thuistí sa solas neamuan seo, ar mo bhráithre uile, gur tusa is athair acu san Eaglais mháthartha Chaitliceach, agus gurb iad a bheidh ina saoránaigh im theannta san Iarúsailéim shíoraí úd a bhfuil do phobal ag tnúth leis ón ecsodus go sroise siad thall. Gur mar sin, trí urnaithe a lán, a chomhlíonfar achainí mo mháthar orm ar uair a báis ar chuma níos flaithiúla ná a dhéanfaí lem fhaoistiní agus lem urnaithe féin amháin.[39]

Agaistín – Manach agus Sagart

Níor fhill Agaistín chun na hAfraice díreach i ndiaidh bhás a mháthar ach chaith sé bliain eile (387-388) sa Róimh ag iniúchadh an tsaoil mhanachúil Chríostaí ann. Tar éis a raibh cloiste aige i dtaobh Antaine na hÉigipte ó Phointisiánas agus faoi mhainistir a bhí faoi phátrúnacht Ambróis easpag,[40] bhí saol an mhanaigh ag mealladh Agaistín, diaidh ar ndiaidh. In ainneoin a raibh socraithe ag Moinice dó i Mioláin níor mhian le hAgaistín a thuilleadh an saol pósta. Thart ar an am céanna (ach sar ar iompaigh sé ina Chríostaí) tharla go raibh Agaistín agus a chairde i Mioláin ag plé saol an chomhluadair idéalaigh le chéile, comhluadar ba mhian leo a chleachtadh mar shaol 'ar ár socracht.'[41] I gcomhluadar den tsórt sin, bheadh pé maoin a bhí ag na baill curtha i bpáirt eatarthu agus bheadh cabhair ó Rómáiniánas, cara as Tagaste a raibh maoin aige.[42] Ach ansin, nuair a chuimhnigh siad ar a mná agus ar chead d'fháil uathusan, ba léir dóibh nach bhféadfaidís dul ar aghaidh leis an bplean. D'éirigh le hAgaistín saol comhluadair a chaitheamh i gCaisiciácam, cineál comhluadair fealsúna, mar a chonaiceamar cheana. Ach ní comhluadair mainistreach a bhí i gceist sa chás sin.

Nótaí

1. J.J. Ó Ríordáin, *The Music of What Happens, Celtic Spirituality: A View from the Inside*. Dublin: The Columba Press, 1996, 22.
2. *Faoistiní*, 1, 6. Féach P. Ó Fiannachta, (eag.) *Mise Agaistín*, Má Nuad: An Sagart, 1967, leath. 30. Aistriú é seo ar leabhair I-X de na *Confessiones*. Níl na trí leabhar dheireanacha den saothar san áireamh.
3. Scríobh Poissidias an *Vita Sancti Augustini* idir na blianta AD 431 agus 437 nó mar sin.
4. Tugann Agaistín an t-eolas seo faoina lá breithe i saothar dár teideal, *De beata vita* (An Bheatha Shona): *Idibus novembriş mihi natalis dies erat* (1, 6). Scríobhadh an saothar seo le linn 386-387 tar éis d'Agaistín iompú ina Chríostaí agus roimh a bhaisteadh i Mioláin ag an easpag Ambrós.
5. Tá dhá leagan den ainm sa bhunsaothar: 'Monica' agus 'Monnica'. Úsáidfear 'Moinice' sa leabhar seo ag dul leis an nós in *Mise Agaistín* (féach n.2). Luann Agaistín ainm a mháthar aon uair amháin sna *Faoistiní*: 'Spreag iad sin uile a léifeas an scríbhinn seo chun cuimhneamh ag d'altóir ar Mhoinice do shearbhónta ...' (9, 13).
6. *Faoistiní*, 9, 9.
7. Féach *Faoistiní*, 1, 7.
8. *Faoistiní*, 1, 9.
9. *Faoistiní*, 2, 9.
10. *Faoistiní*, 2, 3.
11. Ibid.
12. Féach *Faoistiní*, 3, 7; freisin 3, 4; 5,11; 8, 7. Tá an *Hortensius* caillte anois seachas codanna de atá le fáil fós, go háirithe i saothair Agaistín féin.
13. Féach *Faoistiní*, 3, 5. Is cosúil gur aistriúchán sa Sean-Laidin den Bhíobla a bhí á léamh ag Agaistín. Aistriúchán lochtach ab ea é, nár thaitin le hIaróm ach chomh beag. Féach: *The Confessions*, arna aistriú ag Maria Boulding, 1997, 80, n. 18.
14. Féach *Faoistiní*, 3, 7 agus 9, 19-22.
15. Féach *Faoistiní*, 5, 10-13. Scríobh Agaistín tráchtas fada in aghaidh Fhaustais *(Contra Faustum Manicheum)* idir AD 398 agus 400. Féach J. Kevin Coyle, 'Faustum Manicheum Contra', in A. Fitzgerald et al, (ed.), *Augustine Through*

the Ages. An Encyclopedia, Grand Rapids, Michigan: Wm B. Eerdmans Publishing Co., 1999, 355-356.

16. Iompóidh Ailipias ina Chríostaí in éineacht le hAgaistín in AD 386. Féach *Na Faoistíní*, 8, 12.

17. *Faoistíní*, 5, 14.

18. *Faoistíní*, 7, 9. Aistríodh na scríbhinní seo ag Marius Victorinus ón nGréigis go Laidin. Ní ainmníonn Agaistín na saothair dúinn ar bhealach níos cruinne ach mar a deir Maria Boulding, is féidir linn bheith réasúnta cinnte go raibh eolas ag Agaistín ar chuid de na tráchtais ó Phlóitíonas (Plotinus), agus b'fhéidir saothair Phorfúir (Porphyry) i bhfoirm seanráite. In *Cathair Dé*, 8, 12, luann sé Plóitíonas, Iambliochas (Iamblichus), Porfúir agus Apulaes Apfar (Apuleius) mar dhaoine a bhfuil 'ardmheas' orthu. D'fhéadfadh sé méid áirithe den Nua-Phlatónachas a bhlaiseadh ó sheanmóireacht Ambróis agus ó chairde oilte. Féach *The Confessions*, 169, n. 40.

19. *Faoistíní*, 7, 18.

20. *Faoistíní*, 7, 16; 7, 23.

21. *Faoistíní*, 7, 21.

22. *Faoistíní*, 6, 15. Pósadh de chineál mar a bheadh faoin 'dlí coiteann' a bhí sa chaidreamh idir Agaistín agus máthair a mhic Adeodátas, socrú ar glacadh go coitianta leis san am, cé nárbh phósadh oifigiúil a bhí i gceist. Níos faide anonn, scríobhfadh Agaistín i saothar dá chuid, *De bono coniugali* 5, 5 (AD 401) go raibh a leithéid de chaidreamh cóngarach don phósadh a bheag nó a mhór, cé nárbh phósadh oifigiúil é. Féach *The Confessions*, 156, n. 84.

23. *Faoistíní*, 8, 7.

24. *Faoistíní*, 8, 12.

25. Ibid.

26. Ibid. Don bhrionglóid a bhí ag Moinice i dtaobh a mic, féach: *Faoistíní*, 3, 11.

27. 'An riail chreidimh': deir Maria Boulding gur féidir gur tagairt atá anseo don *regula fidei* – an creideamh a fhógraítear sa bhaiste. Féach: *The Confessions*, 89, n.46.

28. *Faoistíní*, 3, 12.

29. Le haghaidh tuilleadh eolais ar luath-shaothair Agaistín, féach: Joanne McWilliam, 'Cassiciacum Dialogues' in A. Fitzgerald, (ed.), *Augustine through the Ages*, 135-143.

30. *Faoistíní*, 9, 6. Tá an bhéim a leagann Agaistín anseo ar uirísleacht Ailipiais ar aon dul lena chuntas faoi bhaisteadh Vioctóiríonais (*Faoistíní*, 8, 2). Ba mhian le Vioctóiríonas é féin a ainmniú mar Chríostaí ach bhí drogall air freastal ar an eaglais ná dul ar aghaidh chun an bhaiste. Diaidh ar ndiaidh tháinig athrú meoin ar Vioctóiríonas agus baisteadh é i ndiaidh dó a chreideamh nua a fhógairt go poiblí. Deir Agaistín: 'Chonaic Vioctóiríonas an mhórchoir ina raibh sé ciontach – náire air faoi shacraimintí uirísleachta do bhréithir, ach gan aon náire air faoi dheasghnátha sacrailéideacha deamhan an uabhair, nuair a ghlac sé leo in aithris uabhair orthu. Bhorr sé in aghaidh an bhréagmhórtais: d'umhlaigh sé don fhírinne.'

31. Ibid. Ba nós san Eaglais an uair sin daoine a bhaisteadh lena dtumadh san uisce. Le linn Bhigil na Cásca (Aibreán 24-25, 387), baisteadh Agaistín, Adeodátas

agus Ailipias agus le linn a dtumadh san uisce, d'fhógair siad a gcreideamh sa Tríonóid Naofa. Ina dhiaidh sin, ghabhfadh na daoine a baisteadh isteach san eaglais, iad gléasta in éadaí bána chun bheith páirteach san Eocairist agus an chomaoineach a ghlacadh don chéad uair. Féach: *The Confessions*, 219, n.66. Le haghaidh tuilleadh eolais faoi ghnás an bhaiste i Mioláin ag an uair sin, féach: W. Harmless, 'Baptism' in A. Fitzgerald, (ed.), *Augustine through the Ages*, 84-91.

32. *Faoistiní*, 9, 10. Maidir leis an téarma 'don *chéanna*', tagann sé seo ó Shalm 4: 9(8) agus is aistriú é ar an Laidin, *idipsum*, 'an rud céanna ann féin' nó 'the selfsame'. Ainm rúndiamhrach é seo de chuid Agaistín le haghaidh Dé agus is macalla dó é ar nochtadh an ainm dhiaga do Mhaois (Eacs 3:14). Féach nóta M. Boulding in *The Confessions*, 217, n. 56.

33. A. Louth, *The Origins of the Christian Mystical Tradition: From Plato to Denys*. Oxford: 1981, 136-141; luaite ag R.E. Wright, 'Mysticism' in A. Fitzgerald, (ed.), *Augustine through the Ages*, 576-579 ar leath 578.

34. J. J. O'Meara, *The Young Augustine: An Introduction to the "Confessions" of St. Augustine*, Dublin/New York, 1954, 203; luaite ag R.E. Wright (féach nóta 33 thuas) 579: 'For that there was a streak of mysticism in him can hardly be doubted.'

35. *Faoistiní*, 9, 10.

36. *Faoistiní*, 9, 11.

37. Ibid.

38. Ibid.

39. *Faoistiní*, 9, 13. Seo an t-aon áit amháin ina chuid scríbhinní ina dtagraíonn Agaistín dá mháthair lena hainm (féach nóta a cúig thuas).

40. Féach *Faoistiní*, 8, 6.

41. Féach *Faoistiní*, 6, 14. Sa seansaol, dob é a bhí i gceist le 'saol ar ár socracht' *(otium* sa Laidin) ná saol gafa le staidéar ar fhealsúnacht, litríocht, nó ar na healaíona. Féach: M. Boulding, *The Confessions*, 155, n. 76.

42. Chabhraigh Rómáiniánas lena mhaoin le hAgaistín nuair a chuaigh sé ag staidéar na reitrice sa Chartaig. Mainicéach a bhí i Rómáiniánas agus d'iarr Agaistín é a mhealladh chun na fealsúnachta (*Contra Academicos*; 2,8) agus chun na Críostaíochta (*De vera religione*, 12) – deineadh Críostaí de sa bhliain 396. Féach: A. Fitzgerald, 'Romanianus' in A. Fitzgerald, (ed.), *Augustine Through the Ages*, 730-731.

Caibidil a Dó

SAN AGAISTÍN AGUS TURAS AN CHROÍ

Ar ais san Afraic

D'fhág Agaistín le huacht againn an saothar clúiteach dá chuid, *Na Faoistiní (Confessiones)*. Sa leabhar úd faighimid cuntas fíormhacánta agus pearsanta ar a thuras spioradálta chun na Críostaíochta. Faoin am ar thosaigh sé ar a shaothar (AD 397), bhí Agaistín os cionn deich mbliana ina Chríostaí. Ní amháin sin, ach bhí sé lonnaithe arís ina bhaile dúchais, Tagastae, san Afraic. San áit sin, bhunaigh sé comhluadar manach, ina raibh a mhac Adeodátas, a chara Ailipias, agus cairde éagsúla eile. Ansin, agus é ar chuairt chuig Hippo Regius (Annaba, sa lá atá inniu ann) toghadh é i measc an phobail chun a bheith ina shagart. Tharla seo toisc gur luaigh easpag na háite, Vailéirias, go raibh sagart ag teastáil uaidh. D'oirnigh Vailéirias Agaistín ina shagart agus tháinig a chomhluadar manach ó Thagastae go Hippo. Coisreacadh Agaistín ina easpag cúnta do Vailéirias (AD 395) agus iar bhás do Vailéirias, ceapadh mar easpag ar Hippo é sa bhliain AD 396. Níorbh fhada ina dhiaidh sin gur thosaigh Agaistín ar *Na Faoistiní*.

Ábhar *Na Faoistiní*

Cuntas suntasach a bhfuil clú agus cáil air mar shaothar spioradálta atá in *Na Faoistiní*. Luaitear go minic é i gcomparáid le scéal Shóil in Gníomhartha na nAspal, agus é ar a bhealach go Damaisc.[1] Níltear lánchinnte faoi na fáthanna ar thosaigh Agaistín ar an saothar seo. B'fhéidir gur theastaigh uaidh freagra a thabhairt ar na Donátaigh, a chuir ina leith nárbh fhíor-Chríostaí i gceart é agus go raibh sé ina Mhainicéach fós. B'fhéidir freisin gur thosaigh Agaistín ar an saothar de bharr a thuisceana ar thábhacht ghrásta Dé do shlánú an chine dhaonna, rud is léir in *Na Faoistiní*. Cibé cúinsí a spreag Agaistín le tabhairt faoin saothar ar dtús, is léir go raibh níos mó i gceist aige ná é féin a chosaint ar a naimhde. Thar aon scríbhinn eile ó luathré na Críostaíochta is é a léirítear in *Na Faoistiní* ná scéal pearsanta anam Agaistín ón taobh istigh. Mar thoradh ar an ngné phearsanta seo, nochtar an-spéis in *Na Faoistiní* ag fealsúna agus ag síceolaithe araon. Ina theannta san, tá níos mó eolais againn ar óige Agaistín ná ar aon duine eile ó luathré na Críostaíochta.

Cén sórt saothair atá sna *Faoistiní* mar sin? Ní dírbheathaisnéis amháin é, ná ní leabhar staire amháin é ach an oiread, cé go bhfuil tréithe den dá chineál litríochta sin le haimsiú ann. Sa ghnáth-dhírbheathaisnéis leagtar an bhéim go príomha ar éachtaí an údair féin. I gcás dírbheathaisnéise spioradálta, áfach, is ar oibriú ghrásta Dé i saol an údair a leagtar an bhéim. Sa chás seo is féidir go dtarlódh i lár an chuntais go dtosnóidh údar ag moladh Dé de thoradh beannachtaí a bronnadh air nó uirthi. Is é seo an príomhchomhthéacs ina scríobhtar saothar dála *Na Faoistiní*. Tá samplaí eile den chineál seo saothair i stair na hEaglaise, mar atá: *Faoistin NaomhPádraig;*[2] *Beatha San Treasa d'Avila*[3] agus *Beatha San Iognáid Loyola.*[4] I gcás *Na Faoistiní,* léiríonn Agaistín a scéal i bhfoirm comhrá idir é féin agus Dia agus labhraíonn sé le Dia sa dara pearsa ('tú') tríd síos.

Is fiú aird a thabhairt ar an teideal a roghnaigh Agaistín – *Faoistiní / Confessiones.* Ón bhfocal *confessio* sa Laidin, tagraíonn an teideal do: admháil peaca; fianaise a thabhairt i dtaobh creidimh; éachtaí Dé a mholadh, go háirithe nuair nach mbíonn ar ár gcumas na focail oiriúnacha a fháil chun Dia a mholadh.[5] Is léir eilimintí den chiall tríchodach seo in *Na Faoistiní*, mar shampla, ag tús an tsaothair féin nuair a mholann Agaistín Dia le briathra as na sailm: 'Is mór ataí, a Thiarna, agus is inmholta go deimhin: is mór atá do chumhacht agus níl áireamh ar d'eagna.'[6]

Struchtúr *Na Faoistiní*

Díol spéise i measc scoláirí is ea struchtúr an tsaothair féin. Tá sé leagtha amach i dtrí leabhar déag – leabhair (1-9): saol Agaistín óna óige go dtí a iompú ina Chríostaí agus bás a mháthar Moinice; leabhar (10): Agaistín ag machnamh ar thionchar ghrásta na Críostaíochta ina shaol. Ansin, sna trí leabhair dheireanacha, tráchtann Agaistín ar thuiscint ama agus síoraíochta (leabhar 11); ar thuiscintí contrárthacha faoi na véarsaí tosaigh de leabhar Gheineasas (leabhar 12); agus ar scéal an chruthaithe i leabhair Gheineasas (leabhar 13).

Ábhar díospóireachta atá sa struchtúr seo maidir le haontacht an tsaothair féin. Go háirithe, éiríonn an cheist: cén bhaint atá ag na trí leabhar dheireanacha de *Na Faoistiní* leis an gcuid eile den saothar? Tugann an scoláire Beinidicteach, Maria Boulding, faoi deara go bhfuil roinnt trastagairtí le haimsiú idir chuntas leabhair (1-9) agus na ceithre leabhar eile. Deir sí gur féidir é seo a thuiscint trí mheán pharabal an mhic dhrabhlásaigh (luaite ag Agaistín féin): téann an mac óg ar strae ó bhealach Dé, leanann torthaí ainnis, ach baineann sé amach an bóthar ceart arís agus é go brónach ó chroí. Is é seo scéal an chruthaithe (Geineaseas) i 'litreacha beaga.'[7]

Dhá Thuras Agaistín

Sa chuntas a thugann Agaistín dúinn, is léir go raibh sé ag lorg gaoise agus tuisceana ar cheartbhrí an tsaoil i gcoitinne. Mar a luadh cheana sa chéad chaibidil, chuaigh Agaistín ó thuaisceart na hAfraice chomh fada leis an Róimh agus Mioláin agus ar ais go dtí a bhaile dúchais i dTagastae. Ba in gné amháin d'aistear Agaistín. Mar is léir ó *Na Faoistiní*, bhí Agaistín ar thuras eile ag an am céanna – an turas ina chroí istigh, turas na fírinne, turas na gaoise, turas an spioraid. Ar a bhealach chun Dé agus chun na Críostaíochta a bhí Agaistín ach ghabh sé thar bhóithre éagsúla (i measc na Mainicéach agus lucht asarlaíochta, agus trí leabhair Phlátón, srl.) sar ar tháinig sé ar an gCríostaíocht. Agus é i mbun *Na Faoistiní* a scríobh, bhí Agaistín in ann féachaint siar ar bhlianta a thurais agus in ann a rá: 'Is tusa a bhíogann sinn ionas gurbh aoibhinn linn tú a mholadh mar gur duit féin a dheinis sinn agus go mbíonn ár gcroí gan suaimhneas nó go dtéann sé chun suaimhnis ionatsa.'[8] Ba mhór agus ba dhian a chuaigh an turas spioradálta d'Agaistín amanta. Léiríonn Agaistín an spairn a ghabhadh é ina chroí istigh agus é ar tháirseach na Críostaíochta:

> Fág go raibh toil eile ag tosú ar fhás chugam, lenar mhian liom do sheirbhís a dhéanamh gan chosc, agus mo thaitneamh a fháil ionatsa, a Dhia, nach taitneamh fíor go dtí tú; mar sin féin níor fhéad an toil sin fós an tseantoil, a bhí neartaithe le haois, a chloí. Sin mar a bhí – dhá thoil ionam, seancheann agus ceann nua; í siúd collaí, í seo spioradálta; iad ag spairn le chéile agus m'anam tnáite ag an easaontas.[9]

Iognáid Loyola, 1962
Donnchadh Ó Céilleachair

Mise Agaistín, 1967
Pádraig Ó Fiannachta

Mise Pádraig, 1982
Liam Mac Philibín

Scéal an Oilithrigh, 2009
Alan Mac Eochagáin SJ

*Beatha Naomh Treasa leis
an Leanbh Íosa*, 1997
An tAthair Benedict

Turas cráite chroí Agaistín, croí gan suaimhneas, sin atá leagtha amach sna *Faoistiní* agus bhí compánaigh éagsúla aige ar an turas céanna, fiú munarbh eol do chuid acu go rabhadar páirteach sa turas: a mháthair Moinice, a mhac Adeodátas agus a mháthair siúd, a chara Ailipias, na mic léinn a mhúin sé sa Charthaig, sa Róimh agus i Mioláin, na Mainicéigh lenar chaith sé naoi mbliana, Vioctóiríonas agus lucht an Nua-Phlatónachais, Ambrós, easpag Mhioláin agus a lán eile nach iad.

Croí gan Suaimhneas

Luaitear an focal 'croí' (*cor* sa Laidin) go mionminic síos tríd an mbailiúchán ollmhór de scríbhinní Agaistín. 'Séard a thuig Agaistín le 'croí' an duine ná an leibhéal is doimhne istigh den duine, mar a bhfuil an duine ina dhuine go hiomlán is go hiontaofa. Thart ar ocht gcéad bliain i ndiaidh bhás Agaistín, sa tríú céad déag (1256) bunaíodh ord nua déirceach agus bronnadh Riail San Agaistín air. Ba in tús leis na Bráithre Agaistíneacha. Mar shuaitheantas an oird, léirítear croí agus é pollta le saighead os cionn leabhair oscailte na scrioptúr. Is dealraitheach gur bunaíodh an suaitheantas sin ar na briathra seo sna *Faoistiní*: 'Bhí ár gcroí gonta agat le rinn ghaí do ghrá, agus do bhriathra á n-iompar againn mar a bheadh saigheada sáite ionainn' agus 'Chuiris saighead do bhriathair im chroí, agus thiteas i ngrá leat.'[10]

Go minic san ealaíon Chríostaí, dealbhaítear Agaistín agus croí ar lasadh ina lámh aige, mar chomhartha dá mhórghrá agus saintréith dá chuid spioradáltachta. Bhí croí Agaistín ar lasadh agus pollta le briathar Dé toisc go raibh sé sáite sna scrioptúir. Scríobh agus labhair sé ó na scrioptúir agus faoi na scrioptúir. Ba mhór a dhíogras ag fógairt briathar Dé ina sheanmóireacht agus ina scríbhneoireacht. Bhí Agaistín chomh tógtha le briathar Dé gur dheacair amanta a aimsiú an bhfuil na scrioptúir ag labhairt faoi Agaistín nó Agaistín ag labhairt faoi na scrioptúir! Bhí sé in ann labhairt agus scríobh faoi bhriathar Dé ó chroí. Fiú má chaitear sracfhéachaint ar *Na Faoistiní*, feicfear líon mór de théacsanna bíobalta fite fuaite tríd idir théacsanna luaite agus théacsanna a dtagraítear dóibh. Ba in an rud a ghoin croí Agaistín, briathar Dé nochtaithe trí mheán na scrioptúr. Ag teacht slán leis seo tá téacs ó shoiscéal Eoin lena raibh

Agaistín tógtha go mór – faoin aspal Eoin agus a cheann in ucht Íosa le linn an tséire dheireanaigh (Eoin 13: 23-25). Deir Agaistín go nochtann an tsamhailt seo ár gcomhcheangal le Críost: 'Ní mór dúinn ár gcroíthe a bhrú go mór leis an mBriathar.'[11]

Is léir mar sin go mba shamhailt thábhachtach an croí d'Agaistín. Trí shamhailt an chroí, tuigeann Agaistín ceartbhrí a thurais phearsanta, mar a deir sé le Dia: 'Mar gur duit féin a dheinis sinn agus go mbíonn ár gcroí gan suaimhneas nó go dtéann sé chun suaimhnis ionatsa.'[12] Trí shamhailt an chroí mar sin, aimsíonn Agaistín láithreacht Dé ina shaol. Ag féachaint siar ar a thuras spioradálta, deir Agaistín: 'Is déanach a thugas grá duit, a áille shíorársa shíornua! Féach gur istigh ionam a bhí tú, agus mise lasmuigh ad thóraíocht ...'[13]

Ina theannta san, baineann Agaistín leas as samhaltas an chroí chun labhairt ar inmheánacht an duine mar dhuine, ina bhfuil Dia ina láthair. Nuair a chuir Agaistín aithne ar an bhfíor-Dhia, chuir sé aithne air féin chomh maith. Ag tagairt do dhaoine a bhfuil uathu aithne a chur air agus nach bhfuil mórán eolais acu faoi, deir Agaistín, 'ach níl a gcluas lem chroí mar a bhfuilim mar táim dáiríre.'[14] Mar sin, is é atá i gceist le aithne a chur ar Dhia, ná aithne a chur ort féin, dar le hAgaistín: 'A Dhia, mar atá tú i gcónaí, go gcuire mé aithne orm féin, go gcuire mé aithne ortsa.'[15]

An Croí san Urnaí

Más amhlaidh nach dtéann ár gcroí chun suaimhnis, ach amháin i nDia, is léir go bhfuil tábhacht ag baint lenár bpaidreoireacht, ar a cheart-tuiscint, agus ar a chleachtadh torthúil. Nuair a chloisimid trácht ar phaidreoireacht, tuigimid go mbíonn na paidreacha comónta i gceist (Ár nAthair, 'Sé do bheatha, a Mhuire, agus mar sin de). Ach de réir mar a thuigeann Agaistín paidreoireacht, bíonn níos mó i gceist. Labhraíonn Agaistín faoin bpaidreoireacht mar fonn chun Dé go bunúsach. Cé go mbíonn paidreacha i gceist sa chás sin amanta, ní bhíonn focail in úsáid an t-am ar fad. Go bunúsach, is rud atá laistigh den duine an phaidreoireacht, rud a bhaineann le croí an duine. Mar adúirt Agaistín tráth, 'is leis an gcroí a achaíníonn duine, is leis an gcroí a lorgaíonn duine, is leis an gcroí a bhuaileann duine ar dhoras agus is ag glór an chroí a osclaíonn Dia

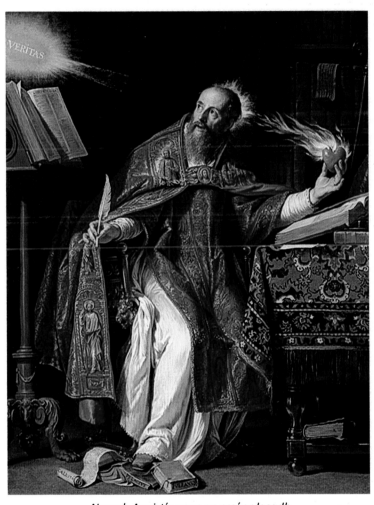

Naomh Agaistín agus an croí ar lasadh

1645 – 1650

Philippe de Champaigne

an doras.'[16] Ó dhoimhne chroí an duine mar sin a thagann paidir ar bith mar is le fonn chun Dé a chur in iúl a ghuíonn duine. Sa tslí seo freisin a chuirimid ár ngrá chun Dé in iúl mar téann grá Dé agus fonn chun Dé le chéile. Mar a mhíníonn Agaistín dúinn, ní as ár gcumas féin an grá a nochtaimid do Dhia inár bpaidreacha, ach is tíolacadh ó Dhia é. Luann Agaistín sliocht as litir N. Pól chuig na Rómhánaigh: 'Mar tá ár gcroí líonta de ghrá Dé tríd an Spiorad Naomh a tugadh dúinn.' (Rómh 5: 5). Is fíor seo ar fad ní amháin nuair a bhímid ag achainí ar Dhia ach nuair is mian linn Dia a mholadh chomh maith. Molaimid Dia ónár gcroíthe istigh chomh maith lenár mbeola, mar a deir Agaistín ina thráchtaireacht ar na Sailm: 'Is iomaí duine a ghlaonn amach d'aon ghuth, ach bíonn siad ciúin ó chroí. Ach ar an taobh eile, is iomaí duine atá ciúin ó bhéal ach glaonn siad amach le grá.'[17]

Mar sin, de réir Agaistín, nuair is mian linn guí, go bunúsach caithfimid guí agus maireachtaint ón 'dtaobh istigh' amach, mar a déarfá. Tosnaítear ó chroí an duine agus ansin aon rud a deirtear nó a dhéantar, is amach ó chroí an duine a thagann sé. Is é ábhar an chroí, croí an ábhair i dteagasc Agaistín faoin mbeatha spioradálta, an phaidreoireacht san áireamh.

Samhaltas an chroí i dteagasc Agaistín

Is samhail shaibhir a nochtar sa bhfocal 'croí' go háirithe sa tslí ina mbaineann Agaistín leas as ina scríbhinní is ina sheanmóirí. Ina thráchtaireacht ar na sailm, mar shampla, tagraíonn Agaistín do chroí an duine faoi mar a bheadh an croí ina phearsa ann féin – 'súil an chroí'; 'amhrán an chroí'; 'cluas an chroí'; 'bealach an chroí' agus mar sin de, mar a fheictear sna samplaí seo a leanas as scríbhinní éagsúla dá chuid.

Súil an chroí

'Dúirt mo chroí i do thaobhsa: bím ag lorg a ghnúise, bím ag lorg do ghnúise … Cé leis a deir an croí, *bím ag lorg do ghnúise*, ach an té a bhaineann le súil an chroí? Lorgaíonn súile na feola an solas seo [an ghrian], lorgaíonn súile an chroí an solas eile. 'Séard is mian leat a fheiscint ná an solas sin a fheictear trí shúil an chroí, solas Dé. Óir *is solas é Dia gan aon dorchadas ann* (1 Eoin 1:5). An bhfuil uait an solas sin a fheiscint? Glan do shúil ionas go bhfeicfear an solas sin. *Is méanar dóibh seo atá glan ó chroí, óir feicfidh siad Dia.'* (Matha 5:8).[18]

Amhrán an chroí

Rinne rí na cathrach sin [Iarúsailéim] é féin ina bhealach ionas go dtagaimid ann. Ag siúl i gCríost mar sin, is ar oilithreacht muid; go dtí go mbainfimid amach ár gceann scríbe bíonn fonn orainn don tsíocháin do-inste a mhaireann sa chathair úd. Den tsíocháin úd a deirtear mar a ghealltar dúinn: *nithe nach bhfaca súil iad agus nár chuala cluas iad, nithe nár smaoinigh an duine orthu ina aigne* (1 Cor 2:9). Agus muid ag siúl, mar sin, canaimis ar chaoi is go mbeidh fonn orainn. An té a mbíonn fonn air, fiú má bhíonn an teanga ciúin, canann an duine sin lena chroí.[19]

Cluas laistigh sa chroí / Cluas an chroí

Éistimis an chathair a chanann an salm seo. Tugaimis cluas agus canaimis. 'Sé cúis ár n-aoibhnis nuair a chloisimid [an salm] ná gur amhrán Dé é. Óir ní le guth agus béal amháin a chanaimid. Tá amhrán ionainn chomh maith, mar bíonn duine ann a bhfuil a chluas laistigh aige. Canaimid chun muid féin a spreagadh. Leis an gcroí a chanaimid chun Dia a shásamh.

Seachas a thráchtaireacht ar na sailm, faightear samhail an chroí i scríbhinní seanmóireachta eile de chuid Agaistín. Mar shampla, labhraíonn sé faoi bhealach an chroí agus go minic iarrann sé ar a lucht éisteachta filleadh arís ar a gcroí. Seo a leanas roinnt samplaí.

Bealach an chroí

Mar sin, iar mbaisteadh dóibh, nuair a thosaíonn Críostaithe ag siúl ar an mbealach ina gcroíthe, ag súil le gealltanais Dé, ní mór dóibh cloí leis an mbealach sin. Tarlaíonn cathuithe le malairt rogha ar fáil – pléisiúir an domhain, cineál eile saoil – chun malairt slí a thairiscint dóibh agus chun iad a mhealladh chuig malairt intinne. Má éiríonn libh na mianta seo a shárú, buaifear ar an namhaid sa bhealach agus tabharfar an pobal i dtreo a dtír dhúchais.[20]

Séire an Tiarna
1486
Domenico Ghirlandaio

Fill ar do chroí

Filligí ar bhur gcroí! Cén fáth go dtéann sibh ar strae uaibh féin agus go gcailltear sibh dá dheasca? Cad chuige go ngabhann sibh thar bhealaí an uaignis? Cailleann sibh an tslí trí bheith ag fánaíocht. Filligí. Cá háit? Ar an Tiarna. Tig libh é a dhéanamh go gasta! Ar dtús filligí ar bhur gcroí. Tá sibh ag fánaíocht, faoi mar ba dheoraithe sibh! Ní aithníonn sibh sibh féin agus fiafraíonn sibh cé hé a chruthaigh sibh! Filligí, filligí ar bhur gcroí! (...). Laistigh den duine a lonnaíonn Críost. Laistigh den duine, déantar sibh a athnuachain de réir íomhá Dé.[21]

Is minic a luann Agaistín ceann de na biáide i soiscéal Mhatha: 'Is méanar dóibh seo atá glan ó chroí, óir feicfidh siad Dia.' (Matha 5:8). Baineann an bhiáid seo go dlúth lena smaointe ar chroí an duine agus le turas chroí an duine chun suaimhneas Dé. Feictear seo sa mhéid a deir sé sa sliocht seanmóireachta seo:

> Má tá Dia agat cad eile atá ann le lorg? Cad a shásóidh thú muna bhfuil tú sásta le Dia? Is mian linn Dia a fheiscint agus lorgaímid bealaí chuige sin; táimid díograiseach chun Dia a fheiscint. Nach bhfuil gach éinne? Ach tabhair aire ar a ndeirtear: *Is méanar dóibh siúd atá glan ó chroí, óir feicfidh siad Dia* (Matha 5:8).[22]

De réir Agaistín, ní féidir linn ár gcroí a ghlanadh ach amháin trí leigheas d'fháil ó ghrásta Dé. Léirítear seo i gcás an fhir a bhí dall ón mbroinn (Eoin 9:1-41). Thug Críost radharc a shúl don fhear. Mar sin tugtar Críost an Lia nó Críost an Dochtúir *(Christus Medicus)* ar an Tiarna. Tagraíonn an teideal seo freisin do thorthaí shlánú an chine dhaonna. Is ar an gcaoi sin a úsáideann Agaistín an teideal agus é ag seanmóireacht ar an mbior a cuireadh sa bheo i N. Pól ar eagla go dtiocfadh aon éirí in airde air (2 Cor 12:7). Mar sin leigheasann Críost an Lia muid ar bhealach an tslánaithe tríd an mBaiste agus le linn ár n-aistear tríd an saol seo.[23]

Conclúid

Leis an mbéim ar inmheánacht an duine agus ar shamhaltas an chroí mar shaintréith de spioradáltacht San Agaistín, tá sé tábhachtach a rá nach spioradáltacht indíritheach atá i gceist. Ionainne mar dhaoine, inár gcroí de réir Agaistín, is ea is gaire muid dár siúracha agus dár mbráithre sa chine daonna. Is im chroí a aimsímse mé féin mar fhíordhuine, mar dhuine ó Dhia féin. Dá thoradh sin, mairimid ní amháin ar ár son ach ar son Dé mar aon lenár gcomharsana.[24] Ní foláir mar sin go mbeidh fáilte agus flaithiúlacht mar phríomhthréithe den spioradáltacht Chríostaí Agaistíneach. Spioradáltacht ó chroí nach dtéann chun suaimhnis ach i nDia – b'in turas croí Agaistín mar mhanach agus mar easpag, mar a fheicfimid sa chaibidil atá le teacht.

Nótaí

1. Féach Gníomh., 9:1-19.
2. Feach na heagráin le Pádraig Ua Duinnín de *Fhaoistín Naomh Pádraig*, 1906 agus 1934 agus eagrán le Liam Mac Philibín, *Mise Pádraig*. Baile Átha Cliath: Foilseacháin Ábhar Spioradálta, (1960) 1982.
3. An tAthair Benedict OCD, *Scéal Anama: Dírbheathaisnéis Naomh Treasa leis an Leanbh Íosa*, Baile Átha Cliath: Foilseacháin Ábhar Spioradálta, 1997.
4. Donncha Ó Ceilleachair, *Iognáid Loyola.*, Foilseacháin Ábhar Spioradálta, Baile Átha Cliath, 1962.
5. Féach M. Boulding, *The Confessions*, Introduction, 24-25.
6. *Faoistiní*, 1,1.
7. M. Boulding, ibid., 22-23.
8. *Faoistiní*, 1, 1.
9. *Faoistiní*, 8, 5.
10. *Faoistiní*, 9, 2: 'Sagitteravas tu cor nostrum caritate tua, et gestabamus verba tua transfixa visceribus'. *Faoistiní*, 10, 6:: 'Percussisti cor meum verbo tuo, et amavi te.'
11. *Ar na Sailm*, Salm 21, (20), 19: 'usque ad Verbum cor habuerunt.'
12. *Faoistiní*, 1, 1.
13. *Faoistiní*, 10, 27.
14. *Faoistiní*, 10, 3: 'cor meum, ubi ego sum quicumque sum.
15. *Soliloquia*, 2, 1: 'noverim me, noverim te.' Comhrá atá sa saothar seo idir Agaistín agus a réasún.
16. *Seanmóir* 91, 3.
17. *Ar na Sailm*, Salm 119, 9.
18. *Ar na Sailm*, Salm 26, (25), 5.
19. *Ar na Sailm*, Salm 86, 1.
20. *Seanmóir* 4, 9.
21. *Ar Shoiscéal Eoin*, 18, 10, 1-2.
22. *Seanmóir* 53, 6.
23. Féach T.F. Martin, 'Paul the Patient. *Christus Medicus* and the "Stimulus Carnis" (2 Cor 12:7): A Consideration of Augustine's Medicinal Christology', *Augustinian Studies* 32:2, 2001 leath 219-256.
24. T.F. Martin, *Our Restless Heart, The Augustinian Tradition*, London: DLT, 2003. Féach, leath. 43.

Caibidil a Trí

TURAS SAN AGAISTÍN I gCOMHLUADAR

Saol le comhluadar

Luamar cheana an tréimhse a chaith Agaistín i gcathair na Róimhe agus ansin i Mioláin mar theagascóir reitrice agus mar óráidí oifigiúil i gcúirt an impire (AD 384-386).[1] Ba le linn dó a bheith annsin, mar is eol dúinn ó na *Faoistiní*, a tháinig Agaistín chun na Críostaíochta mar aon lena chara Ailipias. Tar éis d'Ambrós, easpag Mhioláin (AD 387) é a bhaisteadh, thosaigh Agaistín ar a thuras abhaile chuig a thír dhúchais mar aon lena mháthair, Moinice a mhac Adeodátas, a chara Ailipias agus cairde eile dá chuid. Tar éis do Mhoinice bás a fháil in Ostia, d'fhan Agaistín tarraingt ar bhliain eile sa Róimh ag déanamh iniúchadh ar shaol na mainistreacha Críostaí a bhí le fáil sa chathair sin. Faoin am seo, bhí saol na mainistreach ag mealladh Agaistín diaidh ar ndiaidh. Ina theannta san thaitin comhluadar agus cairdeas go mór le hAgaistín. Ní réiteodh sé riamh leis a bheith ina dhíthreabhach aonair san fhásach!

Comhluadar Idéalach

Tamall roimh a thiontú ina Chríostaí, rinne Agaistín agus meitheal dá chairde plé i dtaobh comhluadar a bhunú le chéile. I bhfad i leataobh ón slua a bheadh an comhluadar seo mar a mhíníonn Agaistín:

> An dream cairde seo againn a bhíodh ag cúiteamh inár n-aigne agus ag comhrá le chéile ar chaismirt challóideach na beatha daonna, bhíomar meáite geall leis ar mhaireachtaint ar ár socracht i bhfad ón slua; agus is é an tslí a chuireamar romhainn chun teacht ar an tsocracht sin ná pé maoin a bhí ag aon duine againn a chur síos i lár eadrainn agus aon sealbh tí amháin a dhéanamh di, ionas trí dhílseacht ár gcaradais, go mbeadh an mhaoin go léir againn uile go páirteach, gan rud éigin leis seo agus rud eile leis siúd ach gach aon rud ag cách agus sealbh ag gach n-aon ar gach ní.
>
> Mheasamar go bhféadfadh suas le deichniúr againn

maireachtaint le chéile sa chomhaltas sin, mar bhí daoine saibhre inár measc agus go mór mór Rómáiniánas, fear ónár mbaile féin, dlúthchara domsa ó thús ár n-óige, a bhí tar éis teacht chun na cúirte mar gheall ar chúraimí casta dá chuid féin. B'é seo an fear ba mhó fonn chun na hoibre agus údarás mór aige chun sinne a mhealladh toisc sealbha fairsinge a bheith aige thar mar a bhí ag aon duine eile againn. Agus shocraíomar ar dhá oifigeach bhliantúla a bheith againn i mbun an ghnótha go léir agus an chuid eile againn a mhaireachtaint go suaimhneasach. Ach, nuair a dheineamar machnamh an bhfaighimis cead chuige ó na mná, idir na mná a bhí ag cuid againn cheana agus na mná a theastaigh ó chuid eile againn a fháil, is ansin a thit an obair go léir a chóiríomar chomh beacht as a chéile inár lámha; bhris sí suas agus chaitheamar uainn í.[2]

Ní raibh dul thar an réalachas agus an phraiticiúlacht ag Agaistín agus a chairde an uair sin, ach níor maolaíodh ar fhonn Agaistín bheith páirteach i gcomhluadar dá shórt uair éigin. Go deimhin, tar éis dó glacadh leis an gCríostaíocht, fuair Agaistín seans maireachtaint tamall i gcomhluadar a bhuíochas sin do Véireacundas, cara leis. Thug seisean cuireadh d'Agaistín agus dá mháthair Moinice, a mhac Adeodátas, a chara Ailipias agus cairde éagsúla fanúint ina theach i gCaisiciácam (Cassiago di Brianza an lae inniu). Le linn a dtréimhse san áit, bhí Agaistín gafa lena scríbhinní luatha, le ceisteanna éagsúla a bhíodh á bplé lena chomhluadar ann, agus lena ullmhú dá bhaiste i Mioláin, thart ar aimsir na Cásca sa bhliain AD 387.

Agaistín ina mhanach agus ina shagart
Nuair a d'fhill Agaistín ar a bhaile dúchais, Tagastae, thart ar AD 388, chuir sé comhluadar mainistreach ar bun ina theach cónaithe féin. Sa chéad iarracht seo ag Agaistín ar chomhluadar manach a bhunú, bhí a chara Ailipias, a mhac Adeodátas (nár mhair i bhfad; d'éag sé ó bhreoiteacht éigin) agus roinnt cairde eile ina fhochair. Chaith Agaistín trí bliana sonasacha lena chomhluadar ina bhaile dúchais. Saol

bunaithe ar phaidreoireacht rialta mar aon le staidéar agus machnamh ar na scrioptúir a bhí ann. Lean Agaistín lena chuid scríbhneoireachta a bhí tosaithe cheana féin aige i gCaisiciácam. Thart ar an am seo, de réir Phoissidiais (manach a bhí in éineacht le hAgaistín), bhí fear ina chónaí i Hippo Regius, fear léannta agus dea-chlú. Theastaigh ón bhfear seo bualadh le hAgaistín chun go mbeadh seans aige éisteacht lena theagasc agus lena sheanmóireacht inspioráideach.[3] Thaistil Agaistín go Hippo agus bhuail sé leis an bhfear úd.[4]

Thart ar an am céanna, labhair easpag Hippo, Vailéirias, leis an bpobal ag lorg duine go práinneach a oirniú ina shagart chun cabhair a thabhairt i ministreacht na deoise. Mar a tharla, bhí aithne ag na daoine ann ar Agaistín, agus thógadar é chun an easpaig chun go ndéanfaí sagart de. Ní raibh Agaistín ró-shásta leis seo agus le sileadh deor, d'achainigh sé ar an bpobal gan sagart a dhéanamh de. Faoi dheireadh, ghéill sé don phobal agus oirníodh ina shagart é faoi lámha Vailéiriais. Thug an t-easpag Valéirias cead d'Agaistín baill a mhainistir a thabhairt leis go Hippo. Thug sé cead d'Agaistín freisin am a chaitheamh ag ullmhú dá mhinistreacht nua i Hippo. De ghnáth an uair sin, ba é an t-easpag a dheineadh an tseanmóireacht sa deoise. Ach, toisc go mba de bhunadh Gréigeach é Vailéirias, gan ach eolas mí-chruinn aige ar an Laidin, thug sé cead ar leith d'Agaistín cúram na seanmóireachta a dhéanamh ina ionad.

Ba sheanmóirí cumasach é Agaistín, ní nárbh ionadh agus cúlra oilte aige mar óráidí agus mar theagascóir reitrice. Thairis sin, ar ndóigh, bhí eolas cruinn fairsing aige ar cheartbhrí na scrioptúr agus bhí sé in ann díospóireacht a dhéanamh leis na heiricigh maidir le cúrsaí agus le teagasc na hEaglaise Caitlicigh.

Cé go raibh Agaistín ina shagart anois, chloígh sé le comhluadar na mainistreach agus bhunaigh sé mainistir dá mhanaigh (as Tagastae) i Hippo Regius. Seachas Agaistín féin (agus Poissidias níos déanaí) ba thuataí na manaigh uilig. Níos déanaí, agus é ina easpag ar Hippo, bhunaigh Agaistín comhluadar eile mainistreach do na sagairt a bhí leis in áras na deoise. Mhair Agaistín leo go deireadh a shaoil. Níor mhian leis fanacht sa mhainistir thuata, ar eagla go gcuirfeadh gnó na deoise isteach go hiomarcach ar shaol an chomhluadair úd. Ba léir freisin nár theastaigh ó Agaistín saol chomhluadar na mainistreach a thréigint fiú is go mba easpag é.

Agaistín ina mhanach agus ina easpag

Tar éis do Vailéirias bás a fháil, coisreacadh Agaistín mar easpag ar Hippo thart ar AD 395 nó 396. Mar easpag, bhí ualach mór de dhualgais éagsúla le comhlíonadh aige. Le himeacht na mblianta mar easpag, labhródh Agaistín faoin *sarcina* nó ualach na ndualgas a bhí air: é ina cheannaire ar an bpobal eaglasta; é ina phríomh-mhinistéir na hEocairiste agus an Bhaiste. Bhíodh air seanmóireacht a dhéanamh go minic mar aon le cúram spioradálta a dhéanamh dá thréad. Cúraimí freisin aige do na sagairt, don mhaoin eaglasta, do chúrsaí airgid agus dlí, déirc do na bochtáin, cúram do dhílleachtaí agus do bhaintreacha; fáiltiú roimh chuairteoirí. Bhí cúraimí ar an easpag do na manaigh agus do na mná rialta sa deoise. Bhí mainistir ban rialta i Hippo agus iad ag maireachtaint faoi riailbheatha a chum Agaistín dóibh. Mar bhall den chomhluadar sin, bhí deirfiúr d'Agaistín agus í i gceannas na mainistreach tamall. Chuaigh sí isteach ann tar éis bhás a fir céile. Lasmuigh de na dualgais eaglasta seo, bhíodh roinnt cúraimí stáit ar easpag freisin: ag tabhairt breithiúnais i gconspóidí dlí nó clainne; ag déanamh idirghabhála leis na húdaráis ar son baill den phobal. Uaireanta bhíodh ar Agaistín díospóireacht a dhéanamh le heiricigh nó le heasaontóirí éagsúla. Thaistil Agaistín go minic i mbun seanmóireachta go háiteanna lasmuigh de dheoise Hippo. Bhíodh sé go minic sa Chartaig (mar a raibh sé ina mhac léinn reitrice tráth). Bhí a chara, Áiréilia, ina easpag ann. Thairis na cúraimí seo uilig, lean Agaistín lena chuid scríbhneoireachta agus a chuid comhfhreagrais, go háirithe in aimsir na gconspóidí éagsúla leis na Mainicéigh, na Donátaigh agus lucht leanúna Phealagais. Maireann carn mór de scríbhinní de chuid Agaistín idir leabhair, thráchtais, sheanmóirí ar na scrioptúir, litreacha agus mórán eile nach iad.

In ainneoin na gcúraimí seo go léir, bhí Agaistín ábalta am d'fháil ní amháin dá shaothar scríofa ach freisin dá chomhluadair mainistreach i Hippo. Maidir leis an manaigh agus na mná rialta a bhí faoina chúram scríobh Agaistín Riail Bheatha dóibh thart ar AD 397. Theastaigh uaidh freisin saol na mainistreach a mholadh agus a chraobhscaoileadh trína chuid scríbhinní dála *Obair na Manach (De opera monachorum)* agus *Ar an Maighdeanas Naofa (De sancta virginitate)* a scríobh sé thart ar AD 400-401.[5] Luaitear gnéithe de shaol na mainistreach i scríbhinní agus seanmóireacht Agaistín (*Ar na Sailm*, Salm 132) agus ina litreacha (Litir 243) agus mar sin de.

Riail Bheatha Agaistín
Thart ar AD 397 chum Agaistín an Riail Bheatha do na manaigh agus do na mná rialta a bhí lonnaithe i Hippo. Doiciméad cuíosach gairid is ea é gan ach ocht gcaibidil ann. Sa chéad chaibidil, cuireann Agaistín in iúl bunphrionsabail teacht le chéile na manach agus na mban rialta mar chomhluadair mainistreach: 'Is iad seo leanas na haitheanta a bhfuil oraibhse atá sa mhainistir iad a chomhlíonadh. 'Sé príomhchúis ár dteacht le chéile ná cónaí go socair sásta in bhur dteach, agus sibh aireach ar Dhia ar aon aigne agus ar aon intinn le chéile.' (Gníomh. 4:32).[6] (Riail 1:2-3). Is léir ó na chéad fhocail den Riail anseo, cad is mian le hAgaistín a chur os comhair a chuid comhluadar agus cad ba chóir a bheith ar siúl ag na comhluadair chéanna gach uile lá: 'aontacht aigne agus intinne in éineacht le bheith aireach ar Dhia.'

Mar léargas praiticiúil ar na haitheanta bunaidh seo, molann Agaistín dá mhanaigh agus dá mhná rialta gan aon rud dá gcuid féin a choimeád dóibh féin amháin ach 'bíodh gach rud agaibh go léir le chéile' (Riail 1, 4) ar nós na n-aspal (Gníomh 4:32, 35). Bhí spiorad an bhochtanais tábhachtach le haghaidh aontacht chomhluadair mar bheadh daoine áirithe sa mhainistir a tháinig ó chúlra saibhir agus daoine eile ó chúlra bocht. Mar sin, iarrann Agaistín ar bhaill an chomhluadair, 'maireachtaint le chéile in aontacht aigne agus croí, ag tabhairt comhonóir do Dhia ionaibh féin ós sibhse anois a theampaill.' (Riail 1, 8). Ní dheireann Agaistín a lán ina Riail i dtaobh na hurnaithe sa mhainistir ach ón méid a deir sé, is gné bhunúsach é ó thaobh spiorad an chomhluadair agus ó thaobh na spioradáltachta is mian leis a chothú inti: 'Nuair a ghuíonn sibh chun Dé sna sailm agus sna paidreacha, déanaigí machnamh in bhur gcroí ar na briathra a thagann as bhur mbeola.' (Riail 2, 12). Ba thábhachtach le hAgaistín go dtiocfadh

Naomh Agaistín ag argóint le Donátaigh
18ú Aois
Charles-André van Loo

Pelagius
354 – 420/440

*Leathanach as leabhar de chuid
na Mainicéach*
8ú-9ú Aois

an comhluadar uile chun guí mar ba in mar a bheidís in ann aontacht aigne agus croí a chothú agus iad ar a mbealach chun Dé. Bealach eile chun aontacht an chomhluadair a chothú ab ea ceartú agus comhairliú a dhéanamh ar aon bhráthair nó siúr a bhí i mbaol titim i bpeaca: 'Má fheiceann sibh aon ní mínáireach in bhur mbráithre nó in bhur siúracha ... comhairligí iad láithreach ar eagla go dtitifidís níos measa i bpeaca agus go gceartófaí é gan mhoill.' (Riail 4, 25).

Tamall tar éis d'Agaistín tiontú ina Chríostaí, bhí ardmholadh aige ar an gcineál saoil mainistreach a chonaic sé sa Róimh: 'Thar aon rud eile, cleachtaítear an grá iontu ... an fhad is atá an grá ann, bíonn gach uile rud go seoigh.' (An Bealach Caitliceach, 33, 73). D'fhág sin go bhfuil béim ar leith ní amháin ar an ngrá sa Riail ach ar mhaithiúnas chomh maith: 'Aon duine a dhéanann daoine eile sa chomhluadar a mhaslú, ní foláir don duine sin ... maithiúnas a thabhairt gan tuilleadh achrainn.' (Riail 6, 42). Maidir le ceannaire an chomhluadair, deir Agaistín idir eatarthu, 'go bhfuil mar dhualgas ar cheannairí féachaint chuige go gcuirtear i bhfeidhm gach a leagtar síos agus aon mhí-iompar a cheartú le píonós.' (Riail 7, 45). I ndeireadh an Riail, guíonn Agaistín ar son an chomhluadair: 'Go ndeona Dia go gcomhlíonann sibh na haitheanta seo uilig i spiorad na carthannachta, mar dhaoine a ghránn an áilleacht spioradálta ... ní mar sclábhaithe faoin dlí ach mar fhir is mar mhná faoi shaoirse na ngrást.' (Riail 8, 48).

Conclúid

Is léir ón méid atá ráite thuas gur mhór é cion Agaistín ar shaol na mainistreach agus in ainneoin na gcúraimí troma a bhí air mar easpag, choinnigh Agaistín an manach lena ais tuiscint ar shaol na mainistreach mar chomhartha bríomhar de chleachtadh na Críostaíochta: daoine ina gcónaí lena chéile, ag tacú le chéile ar chaoi is go mairfidís le haontacht aigne agus intinne (nó croí) ar a mbealach chun Dé. Cé gur saothar gairid atá i Riail Bheatha Agaistín, ní beag an saibhreas spioradálta atá ar fáil ann le haghaidh comhluadar ar bith nó duine ar bith gur mhian leis nó léi maireachtaint ó cheartlár chroí an chreidimh Chríostaí.

Nótaí

1. Féach Caibidil a hAon thuas.
2. Agaistín, *Na Faoistiní*, 6, 14, leath 131-132.
3. Possidius, *The Life of Saint Augustine*, J. Rotelle (ed.), Augustinian Press, Villanova, 1988, 47-48. Oirníodh Poissidias mar easpag ar Chalama thart ar AD 397. Mhair sé go dtí AD 437 nó b'fhéidir AD 440.
4. Deir Poissidias faoin bhfear seo gur dhuine den dream é a dtugtar "gníomhaire na himpireachta" orthu (*agentes in rebus*). Ba dhaoine iad a rinne teachtaireachtaí an impire a sheachadadh agus bhí an tseirbhís poist de chúram orthu leis. Féach Possidius, op. cit., n. 3, J. Rotelle, 44.
5. Féach Adolar Zumkeller, *Augustine's Rule. A Commentary,* Augustinian Press, Villanova, 1987, 10-11.
6. Féach Adolar Zumkeller, op. cit., leath 22. Is liomsa an leagan Gaeilge anseo agus tríd síos.

Caibidil a Ceathair

COMHLUADAR LE CRÍOST

Críost Iomlán (*Christus totus*)

Ón méid atá ráite go dtí seo faoi chomhluadair, go háirithe comhluadar na mainistreach ina raibh Agaistín páirteach, is léir gur comhluadar Críostaí atá i gceist. Baineann saol na mainistreach go dlúth le saol na hEaglaise agus ní féidir saol na hEaglaise a nochtadh i gceart gan tagairt don charraig ar a bhfuil sí bunaithe, Íosa Críost féin. Sna scrioptúir, labhraíonn Naomh Pól faoin dlúthcheangal atá idir baill na hEaglaise agus Críost féin: 'Faoi mar atá mórán ball san aon chorp amháin againn agus gan an cúram céanna ar aon bhall díobh, is é an dála céanna againn féin é: dá líonmhaire atáimid is aon chorp amháin sinn i gCríost agus gach duine againn ina mbaill dá chéile. Na tíolacthaí atá againn tá siad éagsúil le chéile de réir an ghrásta a tugadh dúinn.' (Rómh 12:4-6). Is samhail ársa go leor samhail aontachta an choirp mar a léirítear i bhfinscéalta ón tseanré Rómhánach. Tá ceann amháin go háirithe ina bhfuil léiriú le fáil air seo.

Scéal clasaiceach

Insíonn Livy dúinn ina stair siúd faoin Impireacht Rómhánach, scéal faoi na dreamanna ísle agus na dreamanna uaisle sa Róimh. Chuaigh na dreamanna ísle ar stailc toisc go raibh orthusan obair chrua a dhéanamh an lá ar fad agus na dreamanna uaisle ar a sáimhín só i gcaitheamh an ama. Mar iarracht ar chríoch a chur leis an stailc, d'inis duine áirithe an fabhalscéal seo: 'Aon uair amháin, chuaigh géaga an choirp in aghaidh an bhoilg faoi shaol leisciúil a bheith á chaitheamh aige, gan faic á dhéanamh aige murarbh ionann agus na géaga féin: bhíodh súil-fhéachaint, éisteacht, mothú agus smaointeoireacht le déanamh an lá ar fad ar son leasa an choirp ar fad. Ach d'fhreagair an bolg: 'Tá an ceart agaibh, tá sibhse gnóthach i gcónaí. Ach is mise an chéad duine a fhaigheann an bia ar maireann sibh uile; gan an bia a thugaimse daoibh, bheadh drochbhail oraibh, ghéillfeadh sibh do ghalair. Ná déanaigí dearmad go dtugaimse daoibhse a bhfuil riachtanach le maireachtaint.'[1]

45

Sainmhíniú ó Agaistín

Le linn a chuid staidéir ar scríbhinní Naomh Pól, bhí Agaistín an-tógtha le giota amháin as 1 Cor 12:12-27. Tugtar leagan giorraithe de anseo: 'Is aonad an corp agus mórán ball ann, ach dá líonmhaire iad na baill, ní dhéanann siad uile ach aon chorp amháin. Is é an dála céanna ag Críost é: mar cibé acu Giúdaigh nó Gréagaigh sinn, saor nó daor, baisteadh an uile dhuine againn leis an aon Spiorad amháin, isteach san aon chorp amháin ... Is sibhse corp Chríost agus is ball dá chuid gach duine ar leith agaibh.' (1 Cor 12:12-13, 27).

De réir Agaistín tá níos mó ná comparáid i gceist anseo ag Pól; de réir Phóil is réaltacht agus an fhírinne atá ann. Luann Agaistín ach go háirithe briathra Phóil: 'Is é an dála céanna ag Críost é.' Ina thráchtaireacht ar Salm 142, dearbhaíonn Agaistín: 'Ní hé a deir Pól: "is é an dála céanna ag Críost agus an corp é" ach "is sibhse corp Chríost agus is ball dá chuid gach duine ar leith agaibh." Mar sin is é Críost an t-iomlán' *(Christus totus)*. I dtráchtaireacht eile dá chuid, deir Agaistín: 'Is é an t-aon Chríost amháin Ceann agus Corp. Ní hionann sin is a rá nach mbeadh Críost foirfe san iomláine gan muide ann ach is mar sin atá sé toisc gur mian le Críost bheith san iomláine le chéile linn.'[2]

Mar sin, bunaíonn Agaistín an smaoineamh 'Christus totus' (Críost iomlán) ar théacsanna N. Pól. Sa staidéar a rinne sé ar Chríost, nochtann Agaistín trí bhun-smaoineamh: 'Tá trí bhealach ann le Críost a thuiscint ón Scrioptúr ... An chéad cheann acu tagann sé leis an bhfírinne gurb é Dia é mar de réir a dhiagachta tá sé comhionann agus comhshíoraí leis an Athair roimh an Ioncollú. An dara bealach, is Críost é i ndiaidh an Ioncollaithe, duine agus Dia san am céanna ... Idirghabhálaí agus Ceann na hEaglaise. An tríú bealach acu ar shlí áirithe tá an Críost iomlán i lánmhaireacht na hEaglaise, .i. Ceann agus Corp i lánmhaireacht an duine atá tagtha in inmhe go foirfe (Eif 4:13) lena bhfuilimid uile inár mbaill.'[3]

Conclúid

Mar sin, tuigeann Agaistín go bhfuilimid inár mbaill de chomhluadar atá dlúthcheangailte le Críost, comhluadar na hEaglaise agus comhluadar na mainistreach. Sin an comhluadar inar mhair Agaistín Naofa mar Chríostaí agus é ina mhanach, ina shagart agus ina easpag. Comhluadar ó chroí a bhí ann ina raibh Agaistín ag leanúint ar a thuras go suaimhneas chomhluadar na bhflaitheas.

Nótaí (Caibidil a Ceathair)

1. Féach T. Van Bavel, 'The 'Christus Totus' Idea: A Forgotten Aspect of Augustine's Spirituality', in *Studies in Patristic Christology,* ed. by T. Finan and V. Twomey, Dublin: Four Courts Press, 1998, 84-94 ag 84. Is liomsa an leagan Gaeilge a thugtar anseo ar fhabhalscéal as Livy.

2. *Seanmóir* 341, 9, 11 in Van Bavel, op. cit., 85.

3. *Seanmóir* 341, 1, 1 ibid.

Glóir agus Grá Dé

Is déanach a thugas grá duit, a áille shíorása shíornua! Is déanach a thugas grá duit! Féach gur istigh ionam a bhí tú, agus mise lasmuigh ad thóraíocht, mise go míchumtha ag gabháil de ruathar rábach i measc na mbreáchruth a chumais. Bhís faram gan mise bheith farat; bhí na nithe úd á choimeád i gcéin uait, cé ná beidís ann ar aon chor mura mbeidís ionatsa. Le glao agus éamh, réab tú mo bhodhaire. Shoilsigh do ghlóir, lonraigh do ghile, agus chuir tú fán ar mo dhaille. Scaip do chumhracht agus tharraingíos m'anáil i dtreo go mbím ag tnúth leat; bhlaiseas díot, anois tá ocras agas tart orm chugat; theagmhaigh tú liom agus chuas trí thine le dúil id shíocháin.

Mise Agaistín
Leabhar a Deich
Roinn 27

Ár gCroí gan Suaimhneas

Is tusa a bhíogann sinn ionas gurb aoibhinn linn tú mholadh mar gur duit féin a dheinis sinn agus go mbíonn ár gcroí gan suaimhneas nó go dtéann sé chun suaimhnis ionatsa.

Mise Agaistín
Leabhar a hAon
Roinn 1

Aguisín I

AN RÉAMHRÁ: MISE AGAISTÍN

I
SCÉAL AGAISTÍN

Bhain saol Naomh Agaistín (354-430) le tréimhse fíorchorraitheach i stair na hEorpa, le ré turnamh na hImpireachta Rómhánaí. Ní raibh sé ach bliain d'aois nuair a bhrúcht na Francaigh agus treabhacha eile thar teorainn na Réine chun seilbh a ghlacadh ar an nGaill. Thall san Oirthear tamall de bhlianta ina dhiaidh sin loic na léigiúin mhórchlú roimh mhearionsaí na nGotach ag Adrianopoilis. Níorbh fhada go raibh drochscéala ag teacht ó gach aird den domhan go raibh corp mór na hImpireachta ag tabhairt uaidh agus ag ligint tríd. Bhí na hÉireannaigh páirteach sa slad chomh maith le cách agus ar na mílte cime Rómhánach a d'ardaigh siad leo bhí gasúr sé bhliain déag d'aois darbh ainm Pádraig Mac Calprainn. De réir a chéile cuireadh in iúl do mhaithe agus do mhóruaisle na Róimhe go raibh an t-uafás barbarach ag druidim go mall ach go madhmach lena gcathair oiriric féin, banríon agus máistreás na cruinne. Nuair a tháinig sé faoi dheoidh sa bhliain 410 níor éalaigh gíog as géanna an Chaipeatóil agus scrios Alairic agus a armshlua Viseagotach an chathair a raibh cáil na síoraíochta uirthi. Níor thógtha orthu é má cheap mórán go raibh lá an luain féin buailte leo. Ar aon chuma bhí an seansaol agus glóire na Róimhe ar lár agus níorbh fhaillí leis na págánaigh fáth agus foinse na tubaiste a aimsiú. Cuireadh an milleán ar an Chríostaíocht á rá gurbh ise a dhibir na seandéithe a chosain an chathair ar gach anachain ó aimsir Romulais i leith. Mar thoradh ar an léirscrios agus ar an chur is cúiteamh a d'eascair as, tháinig ceann de mhórleabhair na litríochta Eorpaí ar an saol, leabhar a bhréagnaigh cúiseamh na bPágánach agus a rianaigh fealsúnacht nua staire mar threoir agus mar chairt don saol nua a d'fhásfadh as luaithreach na Róimhe. Is é an leabhar sin 'Cathair Dé,' *magnum opus* N. Agaistín agus is é an tátal a bhaintear as, nach buan d'aon chathair shaolta, ní ghealltar an tsíoraíocht ach do Chathair Dé amháin. Trí bliana déag a chaith Naomh Agaistín leis an saothar seo agus faoin am a raibh deireadh scríofa aige bhí an Spáinn agus cuid mhór den Afraic gafa ag na barbaraigh. Bhí tuargain an léigir a chuir na Vandail lena chathair féin, Hippo, ina chluasa aige agus é ag fáil bháis sa bhliain 430. Bhí breoiteacht an bháis ag teannadh le Críostaíocht na hAfraice chomh maith.

Ní dócha go bhfuil naomh ar bith ceaptha mar éarlamh do phóstaí measctha ach níor mhiste sa chás úd cabhair agus coimirce Naomh Agaistín agus a mháthar a lorg. Págánach ab ea Pádraig a athair agus naomh ab ea a mháthair Moinice. Bhí cónaí orthu i Tagastae baile beag i Núimidia – Ailgéir an lae inniu. Tá sé beagnach cinnte gur Beirbirigh a bhí iontu, an cine dúchais san a tháinig faoi smacht na bhFéiniceach, na Rómhánach agus na nArabach faoi seach agus ar éirigh leis forlámhas na Fraince a bhriseadh tá tamall gearr ó shoin. Ach ba chuid den domhan Rómhánach é nuair a rugadh Agaistín agus ba í an Laidin an teanga oifigiúil. Feirmeoir ab ea Pádraig agus dála Chalprainn, athair Naomh Pádraig, bhí gradam *decurio* aige, sé sin ba chomhalta de chomhairle an bhaile é. Ba léir go luath go raibh éirim thar an gcoitiantacht ag an ghasúr agus dá bhrí sin nuair a bhí an cúrsa bunscoile críochnaithe aige chinn a thuismitheoirí ar é chur ar mheánscoil i Madauras, baile a bhí tuairim 15 míle slí ó Tagastae. Litríocht agus gramadach na Laidine mar aon le cleachtadh na reitrice an clár léinn a leantaí sna scoileanna úd san am sin. D'fhoghlaim sé roinnt Gréigise freisin ach níor éirigh leis ariamh is cosúil aon bharr feabhais a bhaint amach sa teanga sin, rud a bhac air níos faide anonn tairbhe a bhaint as saothar na nAithreacha Gréagach. Níor dhuine saibhir é Pádraig agus nuair a bhí a mhac réidh leis an scoil i Maudaras b'éigean dó é a choinneáil sa bhaile ar feadh bliana. Deireann Naomh Agaistín linn gurbh iad an díomhaointeas agus an droch-chomhluadar a chleachtaigh sé i rith na bliana sin ba shiocair lena iompú ar bhealach an pheaca. Um dheireadh na bliana áfach tháinig cara saibhir i gcabhair air agus d'éirigh leis an scoláire óg dul go dtí an Chartaig, príomhchathair na hAfraice Rómhánaí, chun barr slachta a chur ar a chuid oideachais. Sa Chartaig dó rinne sé mionstaidéar ar údair mhóra na Laidine agus ar ealaín na reitrice. Ní raibh an fhealsúnacht ar an chúrsa léinn ach thosaigh Agaistín ag cur suime san ábhar san nuair a léigh sé an *Hortensius*, leabhar le Ciceáró atá caillte anois. Mhúscail an leabhar sin a spéis san eagna agus ó tharla go raibh oiliúint éigin sa Chríostaíocht faighte aige óna mháthair, cé nár bhaist sí ariamh é, chrom sé ar léamh an Scrioptúir. Ba leamh leis blas an Bhíobla agus leag sé uaidh é. Thug sé a chúl leis an Chríostaíocht agus chuaigh ar thóir na heagna sa Mhainicéacht, reiligiún a haimníodh as Mainicéas (216-277), fáidh Peirseach a mhaígh gurbh é féin an Furtaitheoir a bhí geallta sa Soiscéal agus a chraobhscaoil creideamh sincréataíoch a bhí bunaithe den chuid is mó ar an Déachas agus ar an nGnóiseachas ach go raibh fríd den Chríostaíocht ag freagairt ann chomh maith. Chuir na Mainicéigh ina luí ar Agaistín nach raibh sa Chríostaíocht ach baois is pisreoga, nárbh fhéidir muinín a chur sa Scrioptúr ó tharla go raibh sé lochtach ar mhórán bealaí ach go raibh réiteach gach faidhbe le fáil ina dteagasc féin. Chuaigh an méid sin i gcion air agus ar feadh deich mbliana thug sé a dhílseacht agus a dhíograis don chóras aduain sin. Ina theannta sin ghlac sé leannán chuige fein – níor phós sé í toisc nár cheadaigh an dlí Rómhánach cleamhnas idir saoránach agus sclábhaí.

Bhí Agaistín 19 bliain d'aois nuair a fhill sé ar a bhaile dúchais, scoth an léinn aige, creideamh nua, bean agus clann – mac a dtug sé Adeodátas air. Thug a mháthair an doras dó agus b'éigean dó lóistín a fháil i dteach carad. Fuair sé post mar mhúinteoir i mbunscoil an bhaile ach ní raibh sé sásta leis agus an bhliain dár gcionn thug sé a aghaidh arís ar an gCartaig áit ar glacadh leis mar ollamh le reitric. Chaith sé deich mbliana ansin ag múineadh na reitrice, ag snadhmadh caradais le daoine mór is fiú sa rialtas agus ag déanamh staidéir ar an fhealsúnacht, an éargna, an astralaíocht, go fiú an deamhaneolaíocht. Baineann a chéad leabhar, *An Áilleacht agus an Cuíos*, leis an tréimhse seo; nochtaigh an leabhar seo a chreideamh Mainicéach agus níor tháinig sé anuas chugainn dá bharr sin. Tar éis tamaill áfach thosaigh circín an amhrais ag gor ina intinn istigh. Fuair sé amach de thoradh a chuid taighde san éargna nach go maith a réitigh teagasc na Mainicéach le fíricí na réalteolaíochta. D'éirigh sé míshásta leis an míniú a thugadar ar cheisteanna eile chomh maith agus nuair a theip ar Faustas, an scoláire ba mhó dá raibh acu, na fadhbanna seo uile a fhuascailt dó, chaill sé a chreideamh iontu. Shocraigh sé ar imeacht ón gCartaig agus sa bhliain 383 ghabh sé ar bord loinge gur chuir faoi sa Róimh áit ar oscail sé scoil reitrice. Is cosúil gur chloígh sé leis an sceipteachas ar feadh tamaill agus gur tháinig sé faoi anáil fhealsamh an Nua-Acadaimh a mhaígh nárbh fhéidir an fhírinne a aimsiú go cinnte. Ina theannta san bhris ar a shláinte agus mar bharr ar gach olc ní íocfadh a dhaltaí a dtáillí scoile leis. Bhí an t-ádh leis go bhfuair sé ollúnacht níos fearr i Mioláin an bhliain dár gcionn. Bhí cúirt an Impire sa chathair sin, bhí fabhar le fáil ann agus bhí súil ag an réatóir céimiúil seo go ndéanfadh sé a leas ann, go bhfaighfeadh sé b'fhéidir gradam gobharnóra chuige. Ach ní hé sin a bhí ndán dó.

Ba d'ioróin na staire é gur dhuine de dheargnaimhde na Críostaíochta a réitigh an cosán do Agaistín nuair a mheall an grásta é chun glacadh athuair leis an chreideamh a mhúin a mháthair dó. Níl aon fhianaise dearfa againn gur léigh Naomh Agaistín leabhar Phorfúir *In Aghaidh na gCríostaithe* ach is cinnte go ndearna sé staidéar ar leabhar eile de chuid an fhealsaimh Nua-Phlatónaigh seo, *Filleadh an Anama*, agus bhí cur amach aige freisin ar shaothar Phlóitínais, oide Phorfúir. Ní raibh an Ghréigis ar a thoil ag Agaistín ach bhí teacht aige ar na leabhair seo in aistriúcháin Laidine. Ba í an chomaoin ba mhó a chuir an fhealsúnacht seo air gur nochtaigh sí dó ídé nó coincheap an spioraid – gur spiorad é Dia agus gur spiorad é anam an duine. Roimhe seo agus é faoi thionchar na Mainicéachta bhí sé dall ar fad ar an domhan spioradálta agus níor thuig sé gurbh as saorthoil an duine a éiríonn an peaca – de réir na Mainicéach ní raibh neart ag an duine ar an bpeaca, ba aicíd nó galar aiceanta é a bhí de dhlúth agus d'inneach sa cholainn. B'fhacthas do Agaistín freisin go bhfuair sé fírinne na Tríonóide i scríbhinní na Nua-Phlatónach ach ar ndóigh bhí dul amú air sa mhéid sin. Taca an ama seo thosaigh sé arís ar an Scrioptúr a léamh agus an babhta seo ó tharla gainní na Mainicéachta bainte dá shúile thug sé taitneamh do bhriathar Dé. Agus an suathadh intinne seo ag coipeadh ann bhí an t-ádh leis – ádh na hoirchille ar ndóigh – gur tháinig sé faoi anáil Naomh Ambrós easpag Mhioláin. Scoláire clúiteach agus óráidí den chéad scoth ab ea Ambrós. De ghrá na reitrice théadh Agaistín go dtí an teampall chun éisteacht le seanmóirí an easpaig. Ar dtús ní raibh dúil aige ach i bhfoirm agus i ndul na cainte ach diaidh ar ndiaidh thosaigh ábhar agus ciall na cainte ag dul i bhfeidhm air. Cuireadh abhaile air nach raibh bunús leis an deacrachtaí a fuair na Mainicéigh sa Scrioptúr agus de réir a chéile scaoileadh pé cuibhreacha intleachta a bhac air glacadh le Críost mar Shlánaitheoir an chine dhaonna.

Ach bhí níos mó ná deacrachtaí spéacláireacha le sárú ag Agaistín sula ngabhfadh sé le creideamh Chríost. Bhí cath na colainne agus na tola le tabhairt fós. Ba gheal leis an gheanmnaíocht ach chúb a thoil uaithi agus tá insint bheag drámata aige ar scéal na coimhlinte sin sna Faoistiní. Is díol suntais é gur chinn sé dá nglacadh sé an baisteadh nach ndéanfadh sé dhá leath dá dhícheall, go rachadh sé go bun an angair, go gcleachtadh sé an aontumha fhoirfe. Ní gá é seo a chur síos do uaillmhian Agaistín mar dhéantar scaití: is fearr a cheapadh gur gairm speisialta ó Dhia a bhí ann. Nuair a thoiligh sé fé dheoigh géilleadh don ghairm sin d'fhág sé Mioláin agus bhailigh leis go Caisiciácam baile beag tuaithe fiche míle slí ón gcathair. In éindigh leis bhí a mháthair, a mhac, a dhearthráir agus glac beag cairde. Chaith sé tuairim sé mhí ansin ag déanamh réidh don bhaisteadh agus ag cleachtadh na cráifeachta. Ba ansin freisin a scríobh sé na hAgallaimh, nús a shaothair mar scríbhneoir Críostaí. Um thús an Charghais 387 d'fhill sé ar Mhioláin chun freastal ar an chúrsa léachtaí a tugadh do na caiticiúmanaigh mar neasullmhúchán don tsacraimint. Oíche Chásca na bliana sin casadh Agaistín agus a mhac Adeodátas isteach in iothlann Dé. Bhí lántoradh ar achainí Mhoinice agus ar fháiteall Fiagaí na bhFlaitheas.

Tamall gearr ina dhiaidh sin fuair Naomh Moinice bás ag Ostia, caladhphort na Róimhe, áit a raibh siad ag feitheamh le bád na hAfraice. Bhí Pádraig a fear céile caillte le roinnt bhlian roimhe sin ach bhí sé de shólás acu gur baisteadh é ar leaba a bháis. D'fhill Agaistín ar a thír dhúchais sa bhliain 388, dhíol gabhaltás a athar agus bhunaigh sé féin agus a chairde sórt cuallacht mhanachúil. Chleachtaigh siad an bheatha chrábhaidh agus shaothraigh an léann diaga. Ag an am seo ní raibh aon chuimhneamh aige ar dhul le sagartóireacht arae bhí sé socair aige a shaol a chaitheamh ar an gcúlráid i gciúineas an rinnfheithimh. Ach bhí a mhalairt de shaol socair ag Dia dó. Tharla go raibh Vailéirias easpag Hippo ag dul anonn san aois agus ó ba Ghréagach é theastaigh sagart uaidh a ghlacfadh air féin cúram na seanmóireachta sa Laidin. Cuairt a thug Agaistín ar Hippo sa bhliain 391 rug an pobal air gur thug siad i láthair Vailéiriais é ag éamh 'Déantar sagart d'Agaistín.' Ní raibh dul as agus rinneadh rud orthu – ceapachán eaglasta ar an sean-nós! Bhí Agaistín 36 bliain d'aois faoin am seo agus cúig bliana ina dhiaidh sin toghadh mar easpag agus mar chomharba do Vailéirias é agus riaghlaigh sé deoise Hippo ar feadh 35 bliain.

Níorbh aon ghairdín áineasa é fíonghort an Tiarna san Afraic nuair a chuaigh Agaistín i gceannas ar shuí Hippo. Le fada an lá bhí an eaglais stollta ag an siosma agus bhí easpaig go bhfreasúra i ngach deoise sa tír. Thosaigh an t-achrann sa bhliain 312 nuair a dhiúltaigh buíon d'easpaig Núimidia glacadh leis an duine a coisreacadh mar easpag na Cartaige agus príomháidh na hAfraice. Is amhlaidh a mhaígh siad nárbh bailí don chloisreacan toisc gur pheacach duine den triúr easpag a bhí páirteach ann – cuireadh i leith an easpaig áirithe seo gur loic sé le linn géarleanúna na hEaglaise in aimsir Díocléit. Ina ionad siúd do choisric siad a rogha féin mar easpag ar an gCartaig agus leathnaigh an scoilt ar fud na tíre. Ainmníodh an siosma as Donát, fritheaspag na Cartaige agus an ceannaire ba mhó clú dá raibh orthu. Bhí an siosma fé lánseol go fóill nuair a ceapadh Agaistín ina easpag agus ó tharla gurbh eisean an diagaire ba mhó éirim agus éifeacht ar thaobh na gCaitliceach ba dó ba dhleacht earráid na nDonátach a nochtadh agus a bhréagnú, rud a rinne sé sna leabhair éagsúla a scríobh sé ina gcoinne mar ar léirigh sé nach mbraitheann bailíocht na sacraimintí ar naofacht an mhinistir. Is cosúil áfach go raibh níos mó ná ceisteanna diagachta ag cothú an aighnis in eaglais na hAfraice, go raibh baint ag an náisiúnachas agus an bhfrithRómhánachas leis an scéal chomh maith. Thaobhaigh na Beirbirigh, an cine dúchais, le lucht an tsiosma agus do thug na Donátaigh a dtacaíocht don éirí amach i gcoinne na Róimhe sa bhliain 372. Agaistín féin, ní raibh sé taobhach le diagacht nuair d'fhéach le cath a chur ar na siosmaigh – níor leasc leis cabhair an stáit a lorg ó am go ham. Sa bhliain 411 do chuir an tImpire Honóirias toscaireacht chun na hAfraice d'fhonn deireadh a chur leis an easaontas. Tionóladh ollchomhairle den dá chliarfhlaitheas agus tugadh an bhreith i gcoinne na siosmach. An bhliain dár gcionn d'fhógair an tImpire eisreachtú ar na Donátaigh agus go hoifigiúil ar aon chuma bhí síocháin eaglasta ar fáil.

 D'fhéadfaí an teideal 'Dochtúir Aontacht na hEaglaise' a bhronnadh ar Naomh Agaistín i ngeall ar a shaothar liteartha i gcoinne an Donátais agus is eol dúinn, ar ndóigh, go ndeachaigh scéal an tsiosma sin go mór i gcion ar Newman nuair a léirigh Wiseman dó an chosúlacht idir an Eaglais Anglacánach agus eaglais náisiúnach úd na hAfraice. Mar sin féin tá cáil N. Agaistín mar dhiagaire ag brath níos mó ar na héachta a rinne sé chun eiriceacht an Phealagachais a bhréagnú agus a chur den saol. De réir saobhthuairimí áirithe ba Éireannach é Pealag a d'fhoghlaim a chuid diagachta ó Naomh Pádraig! Ach tá sé beagnach cinnte gur rugadh Pealag sa Bhreatain agus tá sé lánchinnte nach ann do pheaca an tsinsir agus nach bhfuil an grásta riachtanach dá bharr sin le haghaidh slánú an duine. Ní léir gur tugadh mórán airde ar theagasc seo Phealag sa Róimh féin áit a raibh sé ag tabhú clú dó féin mar oide spioradálta ón bhliain 405 nó mar sin amach. Ach sular bhánaigh Alairic an Róimh sa bhliain 410 ghread Pealag leis go dtí an Afraic agus níorbh fhada go raibh na diagairí ansin ag grinniú agus ag géarlochtú a thuairimí. An taca seo freisin ba é Naomh Agaistín a thug chun solais an cúl le creideamh a bhí ina orlaí sa teagasc nua seo agus riamh ó shin luaitear leis an teideal oinigh 'Dochtúir an Ghrásta.' Ní hé sin le rá áfach gur ghlac an Eaglais go hiomlán leis an Agaistíneachas díreach mar nár dhamnaigh sí ina iomláine an Breac-Phealagachas – teagasc a shlánaigh gnéithe áirithe de chóras Phealaig agus nár réitigh N. Agaistín leis. I 417 agus 418 cháin na Pápaí eiriceacht Phealaig agus níos moille fós, sa bhliain 431, thug Comhairle Uile-Choiteann Eifeasais daorbhreith uirthi. Tugadh cuireadh do Agaistín freastal ar an gcomhairle seo ach bhí sé marbh faoin am a shrois an teachtaire cathair Hippo.

 An lá úd sa bhliain 391 a ndearnadh sagart d'Agaistín agus arbh éigean dó cúl a thabhairt le mian a chroí saol suaimhneach scoite an mhanaigh a chaitheamh ní móide gur thuig sé cén chruóg a bhí amach roimhe i ngort an Tiarna. Ina easpag dó níor bheag mar chúram ann féin riaradh dheoise Hippo ach bhí ualach eaglais uile na hAfraice air agus é ag plé le siosma na nDonátach – bhí leabhair le scríobh, comhairlí le tionól thall agus abhus agus fearacht Naomh Pól ba mhinic ag taisteal é. Le teacht an Phealagachais leathnaíodh raon a shaothair i bhfad thar teorainn na hAfraice amach agus ba éigean dó súil a choinneáil ar imeachtaí Phealag sa Phailistín, ar Iúilianas san Iodáil, ar an bPápa Sosamas sa Róimh agus ar na Breac-Phealagaigh sa Ghaill. Go deimhin, i gcaitheamh na géarchéime seo d'fhéadfaí a rá gurbh eisean crann seasta na Críostaíochta uile óir gur air a thit sé diagacht na ceiste nua seo a fhorbairt agus a chosaint agus sin ar chéilí comhrac a dhiongbhála ó thaobh éirime agus géarchúise. Ba ghá freisin a phobal a dhíonadh ar iaróga na Mainicéachta agus ar sheaneiriceacht an Áiriseachais óir ba í seo an cineál Críostaíochta a thug na Vandail leo isteach san Afraic. Cuirtear leis an méid sin na céadta litreacha a tháinig chuige as gach cearn ag lorg eolais ar iliomad ceisteanna casta; cuimhnítear chomh maith ar an domhnaíocht leabhar a scríobh sé agus tuigfimid dó má rinne sé gearán ó am go ham faoi an *sarcina episcopalis*, trom-ualach an easpaig. 76 bliain d'aois a bhí sé nuair fuair sé bás ar an 28ú Lúnasa 430 agus ba mhaith a bhí sos agus suaimhneas na síoraíochta tuillte aige. Ach ní raibh sos i ndán fós dá chnámha. Aistríodh as ithir na hAfraice iad sa bhliain 497 nuair a dhíbir rí na Vandal an cliarfhlaitheas Caitliceach an loch amach go dtí an tSairdín. Cúpla céad bliain ina dhiaidh sin tugadh chun siúil arís iad nuair a thosaigh na Sairisínigh ag creachadh na Sairdíne agus ó shin i leith tá cré N. Agaistín ag fanacht le hathchló na haiséirí in Eaglais Naomh Peadar i bPavia i dtuaisceart na hIodáile. Tórramh deiridh seo Naomh Agaistín ba shamhail é do thórramh Cathair Dé na hAfraice. 570 easpag a bhí i láthair ag comhairle úd na Cartaige sa bhliain 411 nuair cuireadh deireadh le siosma na nDonatách ach faoin am seo agus cnámha an naoimh ar a dteitheadh roimh na Sairisínigh ní raibh fágtha den Chríostaíocht san Afraic ach na clocha cinn agus cré na cille. Creideamh na Sairisíneach atá i réim ann gus an lá inniu.

II
SAOTHAR LITEARTHA NAOMH AGAISTÍN

Áirítear Naomh Agaistín ar dhuine de mhóscríbhneoirí na Críostaíochta. Gan amhras is é an duine is airde cáil, is buaine tionchar agus is fairsing saothar ar Aithreacha na hEaglaise. Ó thaobh na cainníochta amháin de is díol iontais an cnuasach litríochta a d'fhág sé againn – 113 leabhar, 218 litir, breis agus 500 seanmóir. Tá an tromlach mór le fáil sna 16 imleabhar a bhaineann le Naomh Agaistín i mbailiúchán Migne. Ag rangú an tsaothair seo dúinn ní miste a scríbhinní fealsúnachta a lua i dtosach óir is iad is túisce a tháinig uaidh. Rinneadh tagairt cheana féin do na hAgallaimh a chum sé i gCaisiciácam le linn dó bheith ag ullmhú don bhaisteadh. Orthu siúd tá *In Aghaidh na nAcadamhach*, leabhar a bhréagnaíonn sceipteachas an Nua-Acadaimh, agus *An Bheatha Shona* mar a gcruthaíonn sé gurb é an fíorshonas aithne a chur ar Dhia. Scríobh sé agallaimh fhealsúnacha eile níos faide anonn chun ceisteanna mar nádúr agus neamhbhásmhaireacht an anama a chíoradh. Ach thairis sin is minic fadhbanna na fealsúnachta idir camána aige ina leabhair dhiagachta freisin agus tríd síos tá lé ar leith aige leis an gcóras Platónach. Ní raibh ach smeareolas aige ar theagasc Arastatail.

Ní hionadh ar bith é go mbeadh díonchruthú na Críostaíochta ina chuid thábhachtach de shaothar N. Agaistín, duine a chaill agus a d'athghnóthaigh a chreideamh. Ina theannta san bhí an págánachas ina steillebheathaidh go fóill agus ní raibh dearmad déanta den dianionsaí a rinne na Nua-Phlatónaigh mar Porfúir agus Iúilianas an Séantóir ar dhúshraith na Críostaíochta. Tá an 'Cathair Dé' luaite againn cheana agus ar na leabhair eile a scríobh sé tá moladh faoi leith ag dul do 'An Fíor-Chreideamh'. Ba iad comhlíonadh tairngireachtaí an Sean-Tiomna agus leathnú míorúilteach na hEaglaise in ainneoin géarleanúna an dá argóint is mó a mbaineann sé leas astu chun a thaispeáint gurbh ó Dhia don Chríostaíocht. Níl an meas céanna aige ar an gcruthúnas as míorúiltí agus fiú ina sheanmóirí is minic a áitíonn sé gur suarach le rá iad le hais iontais an chruthaithe agus an dúlraimh. Tá anáil an Nua-Phlatónachais le sonrú sa lagmheas seo ar mhíorúiltí óir ba é a dteagasc siúd nárbh é an tArd-Dia ach na miondéithe a rinne éachta den chineál san agus dar le hAgaistín is ionann na miondéithe seo agus aingil na Críostaíochta.

Baineann an mhórchuid de shaothar diagachta N. Agaistín le conspóidí a linne. Ba liosta le lua iad na leabhair a scríobh sé in aghaidh eiriceachtaí agus earráidí eaglasta – an Mhainicéacht, an Pealagachas agus an Breac-Phealagachas, an Donátas, an tÁiriseachas, an tApollonáireachas, an Giúdachas agus an Astralaíocht. Bhí práinn leo san am agus ba mhinic a cumadh faoi dhriopás iad gan deis aige iad a cheartú nó domhainmhachnamh a dhéanamh ar chruaphointí casta. D'admhaigh sé féin an méid sin agus um dheireadh a shaoil d'fhoilsigh sé 'Na hAthscrúduithe,' súilfhéachaint siar agus athbhreithniú ar a shaothar uile. Ach más áil linn cumas Agaistín mar dhiagaire agus mar eagnaí a mheas i gceart ní fearr rud a dhéanfaimis ná an sárleabhar a scríobh sé faoi rúndiamhair na Tríonóide a léamh. Chaith sé blianta fada leis agus ó tharla nach cúrsaí aighnis ach a spéis féin sa cheist a spreag chun pinn é, tá doimhneacht, caolchúis agus suaimhneas faoi leith ag roinnt leis.

Taobh amuigh den diagacht spéacláireach scríobh Naomh Agaistin cuid mhaith freisin faoi cheisteanna morálta agus spioradálta. Ba éigean dó mar shampla an pósadh a chosaint ar bheagmheas na Mainicéach agus an maighdeanas a shlánú ar ionsaí Ióiviniánais. Ina theannta san ba scoláire mór Scrioptúir é agus d'fhág sé raidhse tráchtas bíobalta againn. Bhí bá faoi leith aige le leabhar Gheinisis is cosúil arae thug sé faoi thráchtaireacht a cheapadh air ceithre huaire – is furasta é sin a thuiscint mar gurbh é seo an chuid den Bhíobla ba mhó a tharaing umhail agus ionsaí na Mainicéach. Ní miste tagairt faoi leith a dhéanamh do *Aon Ghuth na Soiscéalaithe*, leabhar a bhréagnaíonn éileamh na Nua-Phlatónach agus na Mainicéach nach dtagann na soiscéil go maith le chéile sa riocht nach iontaofa dóibh. Leabhair thábhachtacha iad freisin na tráchtaireachtaí a scríobh sé ar na Sailm agus ar Shoiscéal Eoin ach tríd is tríd níl Agaistín mar éigeas Scrioptúir ionchurtha lena chomhaimsireach Naomh Iaróm a raibh an Ghréigis agus an Eabhrais ar a thoil aige. Scéal eile ar ndóigh an t-aighneas a d'éirigh idir an bheirt acu i ngeall ar an aistriúchán a rinne Iaróm ar an mBíobla!

Má tá fonn orainn dlúthaithne a chur ar Naomh Agaistín ní mór dúinn na Faoistiní a léamh. Ní hé an leabhar is tábhachtaí é dá chuid ach gan amhras is é is iomráití. Scáthán a anama atá ann, scáthán oscailte a bhfuil macántacht iontach agus draíocht ag roinnt leis. Áirítear ar mhórsheoda na litríochta uile é agus taobh amuigh den Scrioptúr is ar éigean má tá aon leabhar Críostaí ann a bhfuil an oiread tóir is gnaoi air ó aois go haois ach amháin leabhar Thomáis a Kempis. Scríobh Naomh Agaistín na Faoistiní tuairim na bliana 400 agus de réir dealraimh ba é Póilíneas easpag Nóla a d'áitigh air tabhairt faoi. Bímis baoch do Phóilíneas.

III
AN DÁ FHAOISTIN

Tá dhá leabhar ann a thagann anuas chugainn ón gcúigiú céad a bhfuil na teidil ghaolmhara leo, *Faoistiní Naomh Agaistín* agus *Faoistin Naomh Pádraig*. Dhá leabhar iad atá cosúil go maith le chéile sa mhéid go ríomhann siad araon odaisé spioradalta a n-údar. Ba dá gcairde a scríobh an bheirt acu d'fhonn eolas a thabhairt dóibh ar scéal a mbeatha agus go háithrid a mbeatha spioradálta, a n-iompú ón bpeaca agus a dtriall chun Dé. Tá cur síos iontu ar fhíseanna agus eispéarachas osnádúrtha ach taobh amuigh díobh siúd cuirtear abhaile go láidir ar an léitheoir ar gach leathanach beagnach go bhfuil naofacht neamhghnách á nochtadh dó. Scríbhinní iad a bhfuil blas Dé orthu. Agus sa dá chás is iad grá iontach Dé, A chineáltas mar Athair, A mhórthrócaire agus A fhoighid fhadfhulangach na fírinní faoi is mó a chuirtear in iúl. Leagtar an bhéim freisin ar laige an pheacaigh agus ar mhéid a spleáchais ar ghrásta Dé. Ba bhliain thubaisteach acu beirt an séú bliain déag. Léirítear iontu araon bealaí diamhra na hoirchille agus na réamhchinniúna. Ó thaobh na ceapadóireachta de is minic a cáineadh an dá leabhar ar an chúinse go bhfuil easpa eagair orthu, go bhfuil bearnaí san insint a fhágann an léitheoir dall ar eachtraí éagsúla i scéal an údair, go bhfítear leis an mbeathaisnéis ábhar nach luíonn go deas léi agus atá a bheag nó a mhór as alt dá bhrí sin. Ach ní mór a chuimhneamh nach dírbheathaisnéisí go beacht na Faoistiní seo. Ciallaíonn *confessio* admháil peaca nó dearbhú creidimh nó gabháil moltaí Dé agus sin é go díreach ábhar an dá leabhar seo ach amháin gurb é glóiriú Dé an príomhthéama sa dá chás. Ní ábhar as alt é mar sin Cré Phádraig i gcaibidil a 4 dá scríbhinn nó an tráchtas ar chruthú an domhain a chuirtear mar fhocal fada scoir (Leabhair 11-13) le scéal Agaistín. Dearbhú creidimh iad araon – an creideamh a bhronn Pádraig ar na hÉireannaigh agus an creideamh a chosain Agaistín ar na Mainicéigh. Ní hé *Mo Scéal Féin* go baileach atá á ríomh ag an mbeirt údar – dá mba ea, bheimis ag súil cinnte le hiomláine níos sásúla san insint – ach scéal a mbeatha mar bhain sé le Dia, oiliúint sa Chríostaíocht ina n-óige, easumhlaíocht agus imeacht le peaca, an t-anshó agus an pionós is céile ag an bpeaca, an chaoi nár thréig Dia an peacach ach gur threoraigh Sé ar ais chuige féin é, an baochas agus an moladh a dhlitear do Dhia dá bharr.

Baineann Leabhair 1-9 d'*Fhaoistiní Agaistín* le scéal a anama óna óige go dtí a bhaisteadh agus bás a mháthar. Cuireann fís Ostia clabhsúr ar an scéal. Sin í an eachtra dheireanach i saol Agaistín a aithristear dúinn mar is é spuaicphointe a thurais ar ais chun Dé é. Ansin téann sé de léim thar na blianta ó 388 go dtí 400 agus i Leabhar 10 bheireann sé cuntas dúinn ar a shaol spioradálta faoi mar tá sé le linn dó bheith ag scríobh. Mar an gcéanna tá sprioc agus spuaic scéal Phádraig le fáil sa chaibidil ina n-insíonn sé dúinn faoi fhís a chonaic sé nuair a dhiúltaigh a sheanóirí easpag a dhéanamh de. Chuir an fhís seo in iúl dó go raibh an ghéarchéim seo ina shaol sáraithe aige, go raibh deireadh aistir bainte amach agus séala Dé ar a mhisean. An chloch a bhí ina luí sa domhainláib bhí sí curtha anois ar bharr an bhalla. Ina dhiaidh sin ní mór atá le rá ag Pádraig faoin saol fada a chaith sé mar easpag in Éirinn ach fearacht N. Agaistín bheireann sé léargas dúinn ar staid a anama san am a raibh sé ag scríobh. Nuair a léimid an cuntas a bheir Pádraig dúinn ar an fhís eile úd, ar theacht Victoiriocais, a litreacha agus glór na nÉireannach, cuirtear eachtra an *Tolle lege* i Scéal Agaistín i gcuimhne dhúinn. Sa dá chás cloistear glór diamhrach agus léitear teachtaireacht a athraíonn saol na beirte. Glór linbh a chuala Agaistín agus is dócha gur glór na ngasúr a raibh aithne aige orthu le hais Choill Acla a chuala Pádraig. Ach cé hé Victoiriocas? An féidir gur macalla Victóiríonais scéal Agaistín atá againn anseo, an duine a raibh dlúthbhaint aige lena iompú ar bhealach an ghrásta? Mar a chonaic muid bhí baint ag litríocht phágánach na Nua-Phlatónach le scéal iompú Agaistín ach ba é Victoiríonas a thug na leabhair sin dó ó tharla gurbh eisean a d'aistrigh go Laidin iad. Agus ba é Victoiriocas a thug litreacha Phágánaigh na hÉireann do Phádraig agus a nocht dó ar an mbealach san an chinniúin a bhí ceaptha ag Dia dó. Is léiriú an dá chuntas ar ealaín iontach na hoirchille.

Nuair a chuimhnímid gurb iad leabhar Phádraig agus leabhar Agaistín an t-aon dá cháipéis as litríocht Aithreacha na hEaglaise a bhfuil an teideal 'Faoistin' leo, nuair a chuirimid san áireamh fosta na cosúlachtaí atá idir an dá shaothar is doiligh a chreidiúint nach bhfuil gaol eatharthu. Is ródhócha go raibh saothar Agaistín mar shaghas cuspa ag Pádraig agus gur uaidh a ghlac sé teideal a leabhair féin. Nuair a scrúdaímid teagasc Phádraig i leith an ghrásta agus ceisteanna gaolmhara – ceisteanna a bhí chomh mór sin chun tosaigh san am mar gheall ar an bPealagachas – cuirtear abhaile orainn gur diagairí aonscoile iad, gur oileadh Pádraig san Agaistíneachas. Tá a smaointe agus a dhearcadh bunoscionn le córas Phealaig. Ach cá bhfuair Pádraig an oiliúint sin nó cé uaidh? Ba chríonna an té a déarfadh ach ní miste dul sa bhfiontar! Ar an gcéad dul síos ní miste a rá nach i ngach áit a gheobhadh sé an oiliúint sin san am sin. Má bhí Pealag ar shlí na fírinne bhí na Breac-Phealagaigh beo bríomhar agus feachtas fíochmhar frith-Agaistíneach ar bun acu. Mainistreacha deiscirt na Gaille a threoraigh an feachtas seo agus ba iad Caisiánas ab Mharseilles, Uinseann manach Lerins agus Faustas ab Lerins na scríbhneoirí ba mhó clú orthu. Dála an scéil, ba chomhthíreach agus comhaimsireach le Pádraig an Faustas seo a rugadh sa Bhreatain, a toghadh mar ab ar Lerins sa bhliain 433 agus a ceapadh mar easpag ar Ries timpeall 460. Cuireadh dlús leis an fhogha seo faoi theagasc Agaistín tar éis a bháis ach níor fágadh gan crann cosanta é mar tháinig Proispéar na hAcatáine i leith chun ceart a sheasamh dó. Ní amháin gur scríobh sé tráchtais éagsúla ag cosaint an Agaistíneachais ach sa Róimh dó sa bhliain 432 d'áitigh sé ar an bPápa Ceilistín litir a chuir chuig cliarfhlaitheas na Gaille ag moladh N. Agaistín agus ag cáineadh an chaoi ar caitheadh leis. Níos faide anonn tuairim na bliana 450 scríobh Proispéar leabhar i gcoinne na nBreac-Phealagach, leabhar dar teideal *Gairm na Náisiún Uile*. Ba é an leagan amach a bhí ag Caisiánas agus Faustas ar phágánachas na náisiún iargúlta ar imeall an domhain Críostaí ná go bhfaca Dia roimh ré nach raibh eolas ar chreideamh Chríost tuillte acu agus nach nglacfadh siad leis. Bréagnaíonn Proispéar an tuairim san agus is é a mhíniú féin ar an fhadhb go bhfuil am áirithe réamhchinnte ag Dia do na náisiúin sin, gur mian le Dia an soiscéal a roinnt ar gach cine acu ach go mbraitheann uair a chraolta ar a thoil rúindiamhrach féin – níl baint ar bith ag luaíocht nó tuilteamas na náisiún leis an scéal.

Mar a chonaic muid ba sa bhliain 431 a chosain an Pápa Ceilistín, ar chomhairle Phroispéir, teagasc Agaistin ar dhaormheas na mBreac-Phealagach. Agus is é Proispéar a insíonn dúinn i leabhar eile dá chuid, *An Chroinic,* gur sa bhliain chéanna a chuir Ceilistín an t-easpag Palladias 'chuig na Scotaigh a chreid i gCríost.' Ach dhá bhliain roimhe sin bhí baint ag Palladias le feachtas eile óir ba eisean, de réir Phroispéir arís, a d'áitigh ar Cheilistín Garman, easpag Auxerre, a chur go dtí an Bhreatain chun an Pealagachas a smachtú sa tír sin. Is é an tátal a bhainimid as an méid seo ar fad gurb í an dúnghaois chéanna atá á nochtadh sna himeachtaí éagsúla seo, go raibh ceangal éigin eatarthu uile agus gur comhaltaí aonpháirtí iad Ceilistín, Proispéar, Palladias, Garman – an páirtí Agaistíneach tig linn a rá. Ní fios dúinn go baileach cén bhliain a tháinig Pádraig go hÉirinn ach tig linn bheith cinnte gur bhain a mhisean leis an bpáirtí agus leis an bhfeachtas céanna. Is léir óna scríbhinní go raibh naimhde eaglasta aige agus gur duine é de *praedicatores gratiae* mar a thug Proispéar ar na hAgaistínigh. Ní amháin sin ach is cosúil go bhfuil gaol gairid idir Faoistin Phádraig agus leabhar Phroispéir *Gairm na Naisiún Uile* sa mhéid go ndearbhaíonn agus go gcosnaíonn Pádraig téis Phroispéir gur toil le Dia an soiscéal a chraoladh don uile chine (cf. 'Pádraig Misnéir', *An Sagart 4*[1], 1961, 19-25). Is cosúil dá bhrí sin go raibh an fhreasúracht chéanna ar intinn ag an mbeirt scríbhneoir. Ba í an téis san a údraigh agus a shlánaigh misean Phádraig go hÉirinn agus taispeánann sé féin nach luaíocht ná suáilcí na nÉireannach a thuill dóibh é 'daoine a bhí ariamh gan eolas ar Dhia ach iad i gcónaí go dtí seo ag adhradh íol agus nithe neamhghlana' (F. 41) ach ba é *donum Dei* é (F. 62) – ní cúiteamh ach bronntanas a bhí ann. Bhraith uair an bhronntanais ar réamhchinniúin rúindiamhrach Dé a cuireadh in iúl do Phádraig ar bhealach sách diamhrach freisin – i bhfís Victoiriocais agus a litreacha as Éirinn. Sórt iarfhocail nó aguisín le leabhar Phroispéir is ea Faoistin Phádraig sa mhéid go gcuireann sé i bhfeidhm i gcás págánaigh na hÉireann an prionsabal ginearálta a dhearbhaíonn Proispéar. B'fhéidir gurbh í seo an chuid de chreideamh Phádraig a bhí i gceist sa ráiteas doiléir úd sna hAnnála don bhliain 441 – gur fhógraigh an Pápa Leon 1 a dhea-mheas ar chreideamh Phádraig. Bhí cara sa chúirt ansin ag Pádraig mar ba é Proispéar seo againne dlúthchara agus, de réir Gennadius, rúnaí an Phápa. Ar aon chuma ní móide gur i ndeiscirt na Gaille a d'fhoghlaim Pádraig a chuid diagachta ach i gceann de dhúnárais an Agaistíneachais, in Auxerre faoi Gharman, b'fhéidir, nó sa Róimh faoi Phroispéar. Tá seans nach caol go dtáinig sé, mar seo nó mar siúd, faoi anáil Phroispéir, cúl toraic an Agaistíneachais, an chéad duine ar Aithreacha na hEaglaise a scríobh tráchtas diagachta ar cheist shlánú na bPágánach agus an t-aon duine orthu a rinne tagairt do Chríostú na hÉireann.

Toil Dé an soiscéal agus fírinne na Tríonóide a roinnt ar gach cine: sin í Faoistin Phádraig sa mhéid gur dearbhú creidimh í mar gach *confessio*. Sin í freisin téis Phroispéir. Ach i dtaca le Pádraig de, tá scéal a bheatha féin fite fuaite leis an téis sin. Uime sin, bíodh gur duine tuatach gan léann, gan líofacht sa Laidin é, ní leasc leis dúshlán an scigmhagaidh agus na sciotaíle a thabhairt. Déanfaidh sé aithris ar an réatóir léannta, an Laidineoir lánoilte agus scríobhfaidh sé féin a Fhaoistin! A chead agus a cheart san aige óir is oidhre dhiagaire mhór na Tríonóide é (cf. 'In Mensura Fidei Trinitas,' *An Sagart* 5[1], 1962, 3-8), deisceabal dílis ag dochtúir an ghrásta agus na réamhchinniúna agus is iontaí fós an scéal atá le hinsint aige. Ar bhealach is fairsinge a thionchar, is buaine a shaothar ná N. Agaistín; ba chúiteamh ar chailliúint Chríostaíocht na hAfraice concas críochleathan Phádraig. Ní cúng a chuid i gCathair Dé.

Dea-scéala é go bhfuil an dá Fhaoistin le fáil anois ag léitheoirí na Gaeilge, a bhuí sin don Dr Sár Oirmh. Mac Philibín agus don fhoireann seo againne. Ní miste an dá leabhar a léamh in éineacht mar is cúpla iad ar mhórán dóigh.

Seán Mac Riabhaigh

1. Nóta: Seo é an réamhrá leis an Athair Seán Mac Riabhaigh a foilsíodh in *Mise Agaistín*. Féach, Ó Fiannachta, Pádraig (eag.), 1967.

Táthar buíoch don Dr Pádraig Ó Fiannachta agus don Sagart as ucht cead an Réamhrá seo a athfhoilsiú.

Aguisín II

PRÍOMHSHAOTHAIR NAOMH AGAISTÍN

De Pulchra et Apto (An Áilleacht agus an Cuibheas)

Soliloquia: (Na hAgallaimh)

De ordine (Oirchill Dé)

Contra academicos (In aghaidh na Sceipteach)

De beata vita (An Bheatha Shona)

De civitate Dei contra paganos (Cathair Dé)

Confessiones (Faoistíní Agaistín)

Contra Faustum Manicheum (In aghaidh Fhaustais, Mainicéach)

De consensu evangelistarum (Aon Ghuth na Soiscéalaithe)

De bono coniugali (Maitheas an Phósta)

Enarrationes in Psalmos (Léirmhíniú ar na Sailm)

De doctrina christiana (An Foirceadal Críostaí)

De vera religion (An Fíor-Chreideamh)

De Trinitae (An Tríonóid)

De opera monachorum (Obair na Manach)

De Sancta Virginitate (An Maighdeanas Naofa)

Tractatus in evangelium Iohannis (Tráchtaireacht ar Shoiscéal Eoin)

Retractiones (Na hAthscrúduithe)

Liosta Leabhar

Benedict, an tathair, *Scéal Anama*. *Dírbheathaisnéis Naomh Treasa leis an Leanbh Íosa*, Baile Átha Cliath: Foilseacháin Ábhair Spioradálta, 1997.

Boulding, Maria, *The Confessions*, New York: Random House, 1997.

Coyle, J. Kevin, *Faustum Manicheum, Contra*, in A. Fitzgerald et al, (ed.), *Augustine Through the Ages. An Encyclopedia*, Michigan, Grand Rapids: Wm B. Eerdmans Publishing Co., 1999.

Fitzgerald Allan et al (ed.), *Augustine Through the Ages. An Encyclopedia*, Michigan, Grand Rapids: Wm B. Eerdmans Publishing Co., 1999.

Louth, A., *The Origins of the Christian Mystical Tradition: From Plato to Denys*, Oxford: 1981.

Mac Eochagáin, Alan, *Scéal an Oilithrigh*, Baile Átha Cliath: Foilseacháin Ábhair Spioradálta, 2009.

Mac Philibín, Liam, *Mise Pádraig*, Baile Átha Cliath: Foilseacháin Ábhair Spioradálta, (1960) 1982.

Martin, T.F., 'Paul the Patient. *Christus Medicus* and the *"Stimulus Carnis"* (2 Cor 12:7): A Consideration of Augustine's Medicinal Christology', *Augustinian Studies* 32:2, 2001.

Martin, T.F., *Our Restless Heart, The Augustinian Tradition*, London: DLT, 2003.

Ó Céilleachair, Donnchadh, Iognáid Loyola, Baile Átha Cliath: Foilseacháin Ábhair Spioradálta, 1962.

Ó Fiannachta, P., (eag.) *Mise Agaistín*, (arna aistriú ag Pádraig Ó Fiannachta agus Seoirse Mac Thomáis), Má Nuad: An Sagart, 1967.

O'Meara, John J. *The Young Augustine: An Introduction to the "Confessions" of St. Augustine*, Dublin/New York: Alba House, 1954. Revised and updated edition 2001.

Ó Ríordáin, J.J., *The Music of What Happens, Celtic Spirituality: A View from the Inside,* Dublin: The Columba Press, 1996.

Possidius, Rotelle J. (ed.), *The Life of Saint Augustine* Villanova: Augustinian Press. 1988.

Rotelle, John (ed.) *The Confessions,* arna aistriú ag Maria Boulding, New York: New City Press, 1997.

Ua Duinnín, Pádraig, *Faoistin Naomh-Pádraig,* Baile Átha Cliath: M.H.Gill 1906. *Faoistin Phádraig Naomhtha,* Baile Átha Cliath, Oifig Díolta Foilseacháin Rialtais, 1934.

Van Bavel, T., 'The 'Christus Totus' Idea: A Forgotten Aspect of Augustine's Spirituality', in *Studies in Patristic Christology,* ed. by T. Finan and V. Twomey, Dublin: Four Courts Press, 1998.

Zumkeller, Adolar, *Augustine's Rule. A Commentary,* Villanova: Augustinian Press, 1987.